MANUEL

DES DROITS CIVILS ET COMMERCIAUX

DES

FRANÇAIS EN ESPAGNE.

MANUEL
DES DROITS CIVILS

ET COMMERCIAUX

DES FRANÇAIS EN ESPAGNE,

ET DES ÉTRANGERS EN GÉNÉRAL;

COMPRENANT TOUTES LES LOIS, TRAITÉS ET RÉGLEMENS DE POLICE QUI S'Y RAPPORTENT.

RECUEILLIS ET PUBLIÉS

Par Don José Salinas.

DEUXIÈME ÉDITION.

PARIS,

JULES RENOUARD, LIBRAIRE,

RUE DE TOURNON, N° 6.

———

1830.

AVIS.

Tous les exemplaires non signés seront réputés contrefaits.

Pour l'éditeur

David

IMPRIMERIE DE DAVID,
BOULEVART POISSONNIÈRE, N° 6.

PRÉFACE.

Les détracteurs opiniâtres des mœurs et des institutions monarchiques de l'Espagne, ces hommes indiscrets, calomniateurs du caractère sage et modéré du peuple espagnol, ne cessent de répéter que la Péninsule n'offre qu'une terre inhospitalière où l'Etranger, livré à la merci de l'arbitraire, ne trouve de soutien contre toute espèce de vexations que dans la protection de son consul, variable elle-même suivant le degré d'influence politique exercée par la nation à laquelle il appartient.

Né et élevé en Espagne, je suis Espagnol et de fait et de droit. La nature, la loi, mon inclination individuelle, tout me fait un devoir de détruire des assertions fausses et erronées, qui tendent à flétrir l'honneur de ma patrie. Je crois donc devoir rompre un silence que j'aurais désiré garder, mais qui deviendrait coupable. Mon âme indignée ne peut souffrir plus long-temps les atteintes portées à la considération de mon pays par ceux-là même qui, en le visitant, n'ont reçu ij

qu'un accueil favorable de mes compatriotes, auxquels sans doute ils ne peuvent refuser des droits à leur estime pour les égards remplis de franchise et d'honnêteté dont ils ont été l'objet, et pour la protection dont ils ont été entourés par la prévoyance et la sagesse de notre législation.

Je répète donc, qu'en résumé, deux reproches principaux sont ordinairement adressés aux Espagnols par les Etrangers :

1° Que l'Espagne n'est pas hospitalière;

2° Que l'Etranger y est livré au caprice de l'autorité.

Quant au premier reproche, je m'en rapporte à la conscience des hommes justes et vrais qui ont habité l'Espagne pendant quelque temps, ainsi qu'aux relations des écrivains impartiaux et judicieux, tels que Bourgoing, Humbolt, de Laborde, etc.

Quant aux lois espagnoles à l'égard des Etrangers, je me flatte d'offrir aux lecteurs un recueil complet et fidèle des dispositions législatives et les seules qui soient en vigueur. Tel est l'objet essentiel de cet ouvrage. Il me semble que l'exhibition du texte littéral des lois existantes sera toujours, aux yeux des hommes éclairés, d'un poids infiniment plus grand que les simples rapports des êtres obscurs, voyageurs sans instruction, charlatans incorrigibles qui, faute de connaissances scientifiques, jugent du droit et des mœurs des nations par un fait isolé ou par une mesure injuste de la part d'un magistrat infracteur des lois publiques.

Je me suis proposé de mettre à la portée de tout le monde l'état actuel des droits civils et commerciaux des Français en Espagne, fondés sur les traités arrêtés entre les deux puissances, et sur le texte littéral des lois fondamentales de l'Espagne. Les droits commerciaux résultant desdits traités, concernent seulement les Français; mais les lois espagnoles citées à l'appui de cet ouvrage, se rapportent aux Etrangers en général. C'est, en un mot, leur législation particulière, leurs devoirs à remplir et leurs droits civils à réclamer.

J'invite les hommes sages et modérés à méditer, sans préjugé et sans prévention, et l'esprit et la lettre de notre législation.

En Espagne, l'Etranger est invité à s'y établir, à s'y naturaliser: il y est même contraint dans quelques circonstances particulières. On lui offre à tout moment les droits civils à l'instar des indigènes. Tant en matière civile qu'en matière criminelle, l'Etranger y est toujours traité, quoique *transeunte* (passager), suivant des lois générales, et il jouit en outre de la protection de son consul et de celle de son juge privé.

En France, voici essentiellement les droits de l'Etranger :

CODE CIVIL. — CHAPITRE PREMIER.

« ART. 11. L'Etranger jouira en France des « mêmes droits civils que ceux qui sont ou seront « accordés aux Français par les traités de la na- « tion à laquelle cet Étranger appartiendra. »

« ART. 13. L'Etranger *qui aura été admis* par « l'autorisation du roi à établir son domicile en « France, y jouira de tous les droits civils, tant « qu'il continuera d'y résider. »

Je sais bien qu'on m'objectera que, souvent, les lois protectrices envers l'Etranger sont oubliées ou négligées par les autorités mêmes qui sont expressément instituées pour veiller à leur exécution : c'est l'objection favorite des écrivains ordinaires. Malheureusement, en Espagne comme partout ailleurs, les lois ne sont pas toujours bien exécutées. Cependant, l'Etranger dans ce cas conserve franche pour lui la voie des tribunaux supérieurs, par l'entremise de son autorité consulaire; et ces tribunaux, j'ose le dire, sont exempts de vénalité en Espagne.

Mais à mon tour, je demande aussi à l'Etranger impartial et instruit qui aurait fréquenté la Capitale et les villes dès provinces de l'Espagne, même après la restauration en 1823, si l'autorité locale lui a défendu l'exercice des facultés qui, en sa qualité de *transeunte*, lui sont interdites par la loi VIII du 12 juillet 1791 ?

Et, relativement à cette loi et à celle du 21 juillet de la même année, je crois nécessaire de donner quelques éclaircissemens. Ces deux lois, qui sont en résumé celles qui lèsent les étrangers, ont été promulguées à une époque où les gouvernemens européens avaient de justes craintes de supposer dans leurs états l'existence des élémens capables d'opérer le bouleversement complet des anciennes institutions monarchiques. L'Espagne se trouvait en contact intime avec le foyer de ce tiphus anti-politique. Les liaisons de famille, les intérêts réciproques du commerce, l'affinité du caractère et des mœurs des sujets des deux nations, rendaient presque impossible l'importation frauduleuse des principes anti-monarchiques qui se débitaient en profusion dans le pays voisin et ami. Le gouvernement espagnol, dis-je, devait-il se laisser attaquer impunément ? Pouvait-il voir d'un œil tranquille saper les fondemens de son existence ? La crainte des périls personnels par trop certains et trop fondés que courait son parent et son allié, n'autorisait-elle pas le roi catholique à se mettre en mesure pour se défendre ? Eh bien ! c'est précisément ce qu'il a fait. Il a donc été prescrit par ces lois :

1° Qu'on obligerait l'Etranger établi à prêter un serment, lequel n'était autre chose que la profession de foi espagnole à l'égard de la politique et de la morale religieuse. L'Etranger, après avoir payé ce tribut dû aux circonstances, entrait dans la classe ordinaire. Que voulait-il de plus en 1791 ?

2° Il a été notifié à l'Etranger *transeunte* de ne pas venir à la cour, sans une permission expresse du gouvernement, de ne pas exercer les arts libéraux, et de se soumettre, à son entrée sur le territoire espagnol, à l'examen de sa personne et des motifs de son voyage, etc.

L'Etranger *transeunte* jouit en Espagne de droits *fueros* dont les naturels sont privés : il paraît donc juste qu'ils soient privés à leur tour de quelques-uns des priviléges accordés aux naturels ; et d'ailleurs, ces lois leur laissait franche la faculté de se domicilier, à condition seulement de se soumettre au serment cité. A l'égard des précautions ci-dessus énoncées, la crise politique de 1791 n'autorisait-elle pas suffisamment le gouvernement espagnol à imposer de telles obligations aux Etrangers inconnus?

D'un autre côté, ces lois ont été considérées en Espagne comme des dispositions applicables seulement à l'époque de leur promulgation. L'art. 13 du réglement de police d'Espagne, dú 20 février 1824, attribue à cette administration la faculté de rédiger les matricules de tous les habitans; et l'art. 90 du même réglement prescrit les règles à observer à l'égard des passeports des Etrangers, lesquelles règles sont conformes aux coutumes suivies à ce sujet chez les autres nations civilisées de l'Europe.

Il reste donc en vigueur, en fait de restrictions, le serment exigé des domiciliés, et l'interdiction imposée aux *transeuntes* d'exercer les arts libéraux, etc. Mais cela se fait-il? point du tout. Or donc, on peut en conclure :

1° Que S. M. C. s'est trouvée, par des motifs très-pressants et très-graves, dans la nécessité de promulguer les lois VIII et IX du 12 et du 21 juillet 1791 (pièces n°s 15 et 16).

2° Que ces mêmes lois sont aujourd'hui en par
tie abrogées de droit, et dans le tout abolies de
fait.

Le lecteur observera qu'il se trouve parmi les
pièces compilées, quelques-unes dont le texte espagnol est omis. Cela dépend de l'ouvrage d'où
l'ordonnance ou la disposition a été tirée. J'aurais préféré insérer partout le texte original;
mais cela a été impossible, vu que, pour la compilation de ce recueil, il m'a fallu consulter plusieurs ouvrages, tant Espagnols que Français, et
que, résidant tantôt en Espagne, tantôt en France,
je n'ai pas été à même d'accumuler les matériaux
à volonté.

L'insertion de divers articles de quelques ordonnances et lois de S. M. C., citées à l'appui de
mes assertions, a été aussi omise. Mais mon but
n'étant, comme il a été déjà dit, que de mettre
au jour les droits civils et commerciaux des Français en Espagne, lors de la publication de cet ouvrage, j'ai cru devoir me borner à l'exhibition des
documens dont les dispositions n'étaient pas abolies par des décrets postérieurs, et à insérer seulement les articles des traités et des lois qui se
rapportaient à mon sujet, dans l'intention de
rendre le moins volumineux que possible un

livre qui peut être considéré comme l'extrait de diverses dispositions éparses, contenues dans plusieurs volumes.

Toutefois, je ne me suis pas contenté de présenter simplement l'histoire de notre législation à l'égard des Etrangers. Il m'a semblé que cela ne suffisait pas, parce qu'alors le diplomate, le magistrat et l'individu particulier, auraient besoin, pour résoudre quelques points contentieux, de lire tout ce recueil, et de l'étudier. C'est là, et c'est à regret que je l'avoue, le faible de notre législation. Il se trouve dans l'esprit et dans le texte de nos lois, tout ce qui constitue et les garanties et les élémens d'une bonne administration. Mais les préceptes législatifs de la jurisprudence espagnole étant contenus, et quelquefois contradictoirement rédigés, dans une multitude de lois, pragmatiques, ordonnances, décrets, cédules, ordres royaux, réglemens, instructions, etc., etc., formant une bibliothèque complète, parfois il devient presque impossible aux magistrats de résoudre promptement et législativement une question de droit, si l'avocat adversaire se trouve bien armé de l'éloquence, de l'instruction et des subtilités scolastiques.

Etant persuadé de cela, et par expérience, et

par conviction, je me suis permis de rédiger moi même le code civil des français d'après les traités, lois, ordonnances, cédules et ordres royaux qui sont en vigueur. Ce travail m'appartient exclusivement, et je me flatte de pouvoir dire que ce sont là leurs droits et leurs devoirs. Toutes mes assertions sont appuyées par des lois ou par des traités. C'est donc au lecteur à examiner si j'ai bien ou mal interprété l'esprit de notre législation.

L'objet de ce recueil étant de faire connaître aux Français et aux Etrangers en général leur condition civile en Espagne, j'ai cru bien faire en écrivant dans la langue qui est aujourd'hui presque universelle en Europe. Je me suis donc imposé deux tâches bien grandes : premièrement, justifier ma patrie des fausses accusations portées contre elle par des ennemis de sa gloire; deuxièmement, écrire dans une langue étrangère sur une matière aussi délicate. N'importe, je n'aspire point au titre d'orateur, mais à celui de bon espagnol. C'est un service que je dois à ma patrie, je le dois à moi-même.

CODE

DES DROITS CIVILS ET COMMERCIAUX

DES FRANÇAIS EN ESPAGNE,

ET DES ÉTRANGERS EN GÉNÉRAL.

MMUNITÉS DES AMBASSADEURS ET DES CONSULS,

ET LEURS ATTRIBUTIONS ET DEVOIRS.

DROITS CIVILS
DES FRANÇAIS EN ESPAGNE.

CHAPITRE PREMIER.

Qualification des Etrangers.

L'ÉTRANGER est qualifié par les lois, en Espagne, sous deux dénominations différentes:

1. Comme *transéunte*, c'est-à-dire, passager, qui n'est point établi ou domicilié en Espagne. (Loi V du 7 juillet 1727, pièce n. 5.) Livre VI, titre XI de la « *Novísima recopilacion.* »

2. Comme *avecindado*, c'est-à-dire, domicilié ou établi, selon la loi III du 8 mars 1716. Livre VI, titre XI de la « *Novísima recopilacion.* » (Pièce n. 3.)

CHAPITRE II.

Droits civils des transeuntes.

3. Ils ont le droit de disposer librement de leurs biens sans exception, par testament, donation ou autrement, ainsi que les propres et naturels sujets territoriaux; selon l'art. 23 du traité du pacte de famille, du 15 août 1761. (Pièce n. 7.)

4. Ils ont le droit d'être traités, relativement au commerce et aux impositions, comme les indigènes; d'après l'art. 24 du susdit traité du pacte de famille, du 15 août 1761.

5. Ils jouissent du for militaire; selon la loi V du 7 juillet 1727 (pièce n. 5) et la loi VI du 1er février 1765. (Pièce n. 8.)

6. Ils ont le droit de se servir et de porter des armes; d'après l'art. 19 du traité d'Utrecht inséré dans la convention du 2 janvier 1768. (Pièce n. 9.)

7. Ils ont le droit d'avoir recours à la justice du pays lorsqu'ils se sentent préjudiciés ou opprimés par leurs consuls ou vice-consuls. (Art. 5 de la convention de 13 mars 1769, pièce n. 10.)

8. Les sujets Français allant de France en Espagne sont autorisés à y introduire de l'argent et des espèces quelconques, effets, hardes et bijoux

de leur usage, sans en payer de droit, d'après
l'art. 14 de la convention de 24 décembre 1786.
(Pièce n° 14.)

9. Ils sont exempts du service militaire :

1° Par la loi III du 8 mars 1716. (Pièce n° 3.)

2° Par l'ordonnance de S. M. C. du 29 novembre 1792. (Pièce n° 18.)

10. Ils sont exempts des impositions et des
charges personnelles :

1° Par la loi III du 8 mars 1716. (Pièce n° 3.)

2° Par l'ordonnance de S. M. C. du 30 octobre
1815. (Pièce n° 24.)

11. Ils ont le droit de conserver leurs passeports,
selon l'art. 89 du règlement de police d'Espagne
du 20 février 1824. (Pièce n° 29.)

12. Ils ont le droit, pendant leur séjour en Espagne, et pour y voyager, d'obtenir leurs passeports de leurs consuls, d'après l'ordonnance de S.
M. C. du 21 décembre 1826. (Pièce n° 31.)

13. Ils ont le droit d'employer dans le pays allié, les avocats, les procureurs, etc., qui leur con-
viendront, et de tenir leurs livres de commerce
dans la langue de leur choix, selon l'art. 31 du
traité d'Utrecht, du 9 décembre 1713, légitimes.
(Pièce n° 9.)

14. Les fils des Etrangers sont exempts du service militaire pour le recrutement de l'armée
d'Espagne, conformément à l'ordonnance de S.
M. C, du 6 juin 1773. (Pièce n° 3.)

15. Les Etrangers obtiennent en Espagne le droit

de domicile, dans les cas prévus par la loi III du 8 mars 1716. (Pièce n° 3.)

16. L'Etranger a le droit, en Espagne, de se déclarer « *transeunte* » ou « *avecindado* » (passager ou domicilié), c'est-à-dire qu'il a le droit de conserver les priviléges de son pavillon ou d'y renoncer formellement; en se conformant aux restrictions portées dans les lois III et VIII des 8 mars 1716 et 12 juillet 1791.

Voyez 1° Chapitre 1 de la loi VIII du 12 juillet 1991.

2° Chapitre 4 de la loi IX du 21 juillet 1791. (Pièces n° 3 et 15.)

17. Les successions des Français décédés en Espagne avec testament ou ab-intestato, doivent être liquidées par les Consuls ou vice-Consuls, aux termes des art. 33 et 34 du traité d'Utrecht du 9 décembre 1713. Les effets desdites successions seront déposés chez un ou plusieurs négocians, du consentement et à la satisfaction du Consul, pour être remis aux héritiers. (Art. 8 de la convention du 13 mars 1769, pièce n. 10.)

CHAPITRE III.

Devoirs et restrictions aux droits civils des Etrangers transéuntes.

———

18. IL est défendu aux Etrangers « *transéuntes* », sauf le cas d'une permission expresse du gouvernement de S. M. C., obtenue par son Ministère des affaires étrangères,

1° De demeurer à la Cour ;

2° D'exercer en Espagne un art ou un métier quelconque ;

3° De tenir boutique ouverte pour vendre en détail ;

4° D'être commis ou domestique d'un sujet Espagnol ;

5° D'entrer en Espagne sans un passeport expédié par l'autorité compétente et visé par les Ambassadeurs, les Ministres, les Consuls ou les Agens Espagnols établis sur les lieux du départ ou de la route du voyageur. (Loi VIII du 12 juillet 1721, pièce n. 15.)

Les Etrangers sont tenus,

1° De soumettre leurs passeports au visa des autorités de police établies dans les ports ou sur les frontières d'Espagne. (Art. 85 du réglement de police du 20 février 1824, pièce n. 29.)

2° De soumettre également leurs passeports aux autorités de police dans les 24 heures de leur arrivée, en quelque lieu qu'ils doivent résider. (Art. 86 du susdit réglement de police, pièce n. 29.)

20. Les Etrangers *transéuntes* sont déclarés incapables pour exercer,

1° Les emplois municipaux;

2° Pour être Tuteurs, Dépositaires, Receveurs et Curateurs, selon la loi III du mars 1716. (Pièce n. 3.)

CHAPITRE IV.

Droits civils des Etrangers avecindados, domiciliés.

21. L'Etranger acquiert en Espagne les droits civils à l'instar des naturels du pays, dans les cas suivans, prévus par la loi III du 8 mars 1716. (Pièce n. 3.)

Est déclaré domicilié,

1° Celui qui a obtenu le droit et le privilége de naturalité ;

2o Celui qui est né en Espagne;

3o Celui qui s'y convertit à la religion catholique ;

4o Celui qui a demandé et a obtenu domicile dans un lieu quelconque ;

5o Celui qui a épousé une Espagnole et demeure domicilié en Espagne; et de même la femme étrangère qui a épousé un Espagnol ;

6o Celui qui achète en Espagne des biens-fonds ou immeubles ;

7o L'ouvrier qui vient en Espagne pour y exercer son métier et y demeurer ;

8º Celui qui a une boutique où il vend en détail ;

9º Celui qui a obtenu un emploi ou une charge publique honorable ;

10º Celui qui a demeuré dix ans en Espagne avec une maison montée.

CHAPITRE V.

Devoirs et restrictions aux droits des Etrangers domiciliés.

---

22. Les Etrangers compris dans quelqu'un des cas prévus par la loi III du 8 mars 1716 (pièce n. 3), sont tenus de prêter le serment suivant, selon le chapitre V de la loi IX du 21 juillet 1791. (Pièce n. 16.)

« Je jure d'obéir à la religion catholique et de
» lui garder fidélité , ainsi qu'au Roi notre sei-
» gneur; je veux être son sujet en m'assujétissant
» aux lois, us et coutumes de ses royaumes ; en
» renonçant au for d'Etranger et à toute relation ,
» union et dépendance du pays où je suis né : et
» je promets de ne pas me servir de sa protection,
» ni de celle de son ambassadeur, son ministre
» ou ses consuls, le tout sous les peines de galères
» ou l'expulsion absolue de ses royaumes , et con-
» fiscation de mes biens, suivant la qualité des
» personnes et de la contravention. »

CHAPITRE VI.

Droits commerciaux des Français en Espagne.

---

23. Les Français ont le droit d'être traités en Espagne, relativement au commerce, comme les propres sujets du pays où ils aborderont ou résideront. En déclarant leurs marchandises, ils paieront les mêmes droits que les nationaux, et ils jouiront aussi comme eux de la liberté de l'importation et de l'exportation. Les marchandises sujettes à confiscation seront les mêmes que celles prohibées aux indigènes. (Art. 24 du Pacte de famille, du 15 août 1761, pièce n. 7.)

24. Il ne sera point permis de mettre en prison les capitaines ou les équipages, ni de les retenir à terre, ainsi que leurs chaloupes. Les négocians ou les consignataires de vaisseaux où l'on aura confisqué des marchandises, ne seront inquiétés ni molestés en aucune manière par les autorités locales ; mais le reste de la cargaison, le capitaine et l'équipage seront remis à la disposition de leur consul ou vice-consul, pour être procédé contre eux suivant les ordres de leur cour. (Art. 1 et 2 des conventions des 27 décembre 1774 et 24 décembre 1786, pièces n. 12 et 14.)

25. Aucun effet quelconque ne pourra être saisi. Les négocians, les maîtres, les pilotes, les marins, etc., ne seront arrêtés ni contraints d'entrer au service du souverain territorial pendant leur séjour dans les ports alliés. (Art. 17 du traité d'Utrecht du 9 décembre 1713, pièce n. 9.)

26. Les capitaines, après avoir donné leur déclaration, dans les vingt-quatre heures de leur arrivée, obtiendront la permission de décharger; et à commencer du jour du débarquement, le capitaine aura huit jours, en excluant ceux des fêtes, pour réformer sa déclaration ou redresser les omissions qui auraient pu la rendre défectueuse ou inexacte. (Art. IV de la convention du 2 janvier 1768, pièce n. 3.)

27. Les huit jours de grâce accordés pour réformer la déclaration et faire de *fondeo*, ne s'entend que pour les navires qui excèdent la portée de cent tonneaux. (Art. V de la convention du 2 janvier 1768, pièce n. 9.)

28. La visite de *fondeo* des bâtimens ne pourra avoir lieu sans la présence du consul ou d'une personne qui le représente. Aucun juge du pays ne pourra prendre la déclaration du capitaine, patron ou autre que ce soit de l'équipage d'un navire, sans que le consul y soit présent. (Art. VI de la convention du 2 janvier 1768, pièce n. 9.)

29. Le sauvetage des navires appartient exclusivement aux consuls, aidés des autorités locales.

(Art. XIV de la convention du 2 janvier 1768, pièce n. 9.)

3o. Les capitaines, dans leur déclaration, ne spécifieront que le nombre des balles ou paquets, caisses ou tonneaux que contiendront leur navire, en spécifiant la quantité de la marchandise. (Art. 18 de la convention du 27 décembre 1774, pièce n. 12 ; et art. 8 de la convention du 24 décembre 1786, pièce n. 14.)

31. Les Etrangers, sujets des puissances amies ou alliées de S. M. C., sont autorisés à faire le commerce direct dans tous les ports de l'Amérique appartenant à la couronne d'Espagne. (Cédule royale de S M. C., du 7 mars 1824, pièce n. 3o.)

CHAPITRE VII.

Devoirs et restrictions aux droits commerciaux.

32. Les capitaines sont tenus de présenter leur manifeste dans les 24 heures de leur arrivée.

33. Les employés des douanes ont le droit d'entrer à leur bord (n'excédant pas le nombre de trois) aussitôt après leur arrivée. (Art. XXI de la convention du 27 décembre 1774, pièce n. 12 , et Art. XXIV de la convention du 24 décembre 1786, pièce n. 14.)

34. Les capitaines sont tenus de déclarer de bonne foi les marchandises de contrebande qu'ils apportent à leur bord, ou celles qui sont prohibées dans les ports où ils entrent. (ART. XI de la convention du 2 janvier 1768 , pièce n. 9.)

35. Les administrateurs des douanes pourront exiger que les articles déclarés de contrebande, et même ceux déclarés de *transit* soient manifestés au départ; et encore qu'ils soient déposés dans un magasin à deux serrures. (Art. VII de la convention du 24 décembre 1786, pièce n. 14.)

36. Toute contrebande d'espèces ou de marchandises absolument prohibées qui se trouvera dans tous navires, sans distinction de grandeur, entrés dans les ports d'Espagne, sera sujette à la

peine de confiscation, si elle n'a pas été déclarée dans les 24 heures. (Art. VII de la convention du 27 décembre 1774, pièce n. 12 ; et Art. II de la convention du 24 décembre 1786, pièce n. 14.)

37. Les capitaines français qui, par relâche forcée, entreront dans une rivière navigable ou dans un port d'Espagne autre que celui de leur destination, seront obligés de faire la déclaration de leur chargement dans les 24 heures. Les officiers de la douane ont le droit d'entrer à leur bord, jusqu'au nombre de trois, pour surveiller le navire. (Art. XV de la convention du 27 décembre 1774, pièce n. 12 ; et Art. XII de la convention du 24 décembre 1786, pièce n. 14. Ordonnance de S. M. C. du 14 novembre 1828, pièce n. 33.)

38. Aucun navire français ne pourra entrer dans les ports d'Espagne lorsqu'il sera chargé, en tout ou en partie, de sel ou de tabac, dont l'entrée y est absolument prohibée, sous peine de confiscation. Les cas de relâche forcée sont exceptés de cette disposition. (Art. 1er de la convention du 27 décembre 1774, pièce n. 12.)

39. Les employés chargés d'empêcher l'introduction de la contrebande ont la faculté d'arrêter toute espèce de petits bâtimens français, jusqu'à la contenance de 100 tonneaux, qu'ils rencontreront chargés, en tout ou en partie, de quelque contrebande que ce soit, à deux lieues de distance au large de la mer, dans le voisinage des ports,

dans les embouchures des rivières, des cales et parages des côtes; et ce qui s'y trouvera sera sujet à la peine de confiscation. (Art. VIII de la convention du 27 décembre 1774, pièce n. 12.)

40. Dans les cas de soupçons bien fondés, les employés des douanes ont le droit de faire une seconde visite aux bâtimens au-dessous de 100 tonneaux, sans le consentement du consul; mais il en sera averti afin qu'il puisse faire ses réclamations en cas de besoin. (Art. XIX de la convention du 27 décembre 1774, pièce n. 12.)

41. Les capitaines sont obligés d'obéir aux consuls et de les respecter comme à leurs supérieurs. (Art. VI de la convention du 2 janvier 1768, pièce n. 9.)

42. Les bâtimens français qui relâcheront dans les ports de la Péninsule et aux îles adjacentes, sont tenus de payer 20 réaux par chaque tonneau de leur portée. (Ordonnance de S. M. C. du 19 mai 1816, pièce n. 25.)

43. Tous capitaines de navires étrangers qui toucheraient, par un accident quelconque, dans un port d'Espagne, ayant de l'argent au coin espagnol, seront obligés d'en constater l'origine et la destination, au moyen d'un certificat délivré par un consul espagnol, en résidence à l'étranger, sous peine de confiscation. (Ordonnance de S. M. C. du 14 avril 1827, pièce n. 32.)

CHAPITRE VIII.

Immunités et prérogatives des Ambassadeurs et Ministres étrangers.

---

44. Les personnes et les hôtels des ambassadeurs, ministres et envoyés des souverains étrangers, près la cour d'Espagne, jouissent de l'immunité absolue. (Loi V, titre IX du 25 décembre 1716, pièce n. 4.)

45. Les ambassadeurs, ministres et envoyés ne pourront être contraints juridiquement, pendant leur légation, pour leurs dettes contractées avant l'exercice de leurs fonctions; mais ils pourront l'être pour celles contractées après. (Loi VI, titre IX du 15 juin 1737, pièce n. 6.)

46. Il est défendu de procéder en justice contre les domestiques ou les familiers des ambassadeurs, ministres et envoyés, sans en donner connaissance au président du conseil de Castille, qui en fera part au roi. (Loi IV, titre IX du 20 juin 1692, pièce n. 2.)

47. On en donnera de même connaissance à l'ambassadeur (son maître) et le coupable pourra être arrêté et conduit dans un lieu sûr.

48. Si la faute du familier de l'ambassadeur n'est pas grave, il sera de suite remis en liberté.

49. Si la faute est grave, le coupable sera jugé par les tribunaux comme tout autre sujet de S. M. C., et l'ambassadeur en sera instruit. (Loi VII, titre IV, du 3 avril 1770, pièce n. 11.)

CHAPITRE IX.

Immunités, prérogatives, et attributions des Consuls.

5o. Les consuls des puissances étrangères sont considérés en Espagne comme les simples agens de leur nation.

51. Ils jouissent du for militaire.

52. Ils sont exempts de logement et de toutes charges personnelles et municipales.

53. Ils ont le droit de concilier les différends des sujets de leur souverain d'une manière extrajudiciaire et à l'amiable.

54. Les justices et les autorités de S. M. C. sont tenues de leur donner les secours nécessaires pour l'exécution de leurs mesures arbitrales et extra-judiciaires.

55. Les consuls ont le droit de nommer des agens consulaires dans leur département, mais à la charge d'obtenir l'assentiment royal du souverain territorial. (Loi VI du 1er février 1765, pièce n. 8.)

56. La présence des consuls, vice-consuls ou agens consulaires est absolument nécessaire aux visites des bâtimens français.

57. Aucun juge du pays ne pourra prendre la déclaration du capitaine, patron, ou de tout autre individu de l'équipage d'un bâtiment sans que le consul y soit présent.

58. Les consuls, vice-consuls, députés, etc., sont les interprêtes de la nation qu'ils représentent.

59. Il est prescrit à tous les navigateurs d'obéir aux consuls et de les respecter comme leurs supérieurs. (Art. VI de la convention du 2 janvier 1768, pièce n. 9.)

60. Appartient exclusivement aux consuls ou vice-consuls le sauvetage des navires de leur nation, conformément à l'art. XIV, convention du 2 janvier 1768. (Pièce n. 9.)

61. Les consuls ont le droit de réclamer aux autorités locales les matelots de leur nation qui déserteront de leurs bâtimens. (Art. XIX de la convention du 2 janvier 1768, pièce n. 9; et art. VI de la convention du 13 mars 1769, pièce n. 10.)

62. Les consuls qui seront nommés doivent être admis et reconnus en présentant les patentes de leur souverain, et en obtenant l'*exequatur* du prince chez qui ils doivent résider. (Art. 1er de la convention du 13 mars 1769, pièce n° 10.)

63. Les consuls, étant sujets du prince qui les nomme, jouiront de l'immunité personnelle, sans qu'ils puissent être arrêtés ni traduits en prison, excepté les cas de crime atroce, et celui où les consuls seraient des négocians, puisqu'alors cette

immunité personnelle doit seulement s'entendre pour dettes, ou autres causes civiles qui n'impliquent pas crime ou presque crime, ou qui ne proviennent pas du commerce qu'ils exercent par eux-mêmes ou par leurs commis.

64. Ils ont le droit de porter l'épée et la canne.

On ne pourra pas toucher, sous quelque prétexte que ce soit, à leurs papiers, ni à ceux de leur chancellerie.

65. Quand la justice du pays aura besoin de quelque déclaration juridique du consul, on y procédera par la voie du tribunal de la guerre où il *se trouvera*; et à son défaut par la justice ordinaire. (Art. ii de la convention du 13 mars 1769, pièce n° 10.)

66. Les consuls ont le droit de nommer des vice-consuls et de les choisir, même parmi les naturels du pays, lesquels vice-consuls pourront porter l'épée et la canne, et seront admis à leurs fonctions après avoir obtenu *l'exequatur royal*. (Art. iii de la convention du 13 mars 1769, pièce n° 10.)

67. Les consuls et vice-consuls pourront se transporter à bord des vaisseaux de leur nation, vérifier leurs rôles, prendre les déclarations des capitaines sur leur route, etc.; les accompagner à la douane, chez les ministres et autorités du pays, pour leur servir d'agens et d'interprêtes, etc. (Art. iv de la convention du 13 mars 1769, pièce n° 10.)

68. Les consuls ou vice-consuls de France en Espagne ont le droit de liquider les successions des Français décédés avec testament, ou *ab-intestato*, aux termes des articles 33 et 34 du traité d'U-trecht du 9 décembre 1713. Les effets desdites successions seront déposés chez un ou plusieurs négocians, du consentement et à la satisfaction du consul, pour être remis aux héritiers.(Art. VIII de la convention du 13 mars 1769, pièce n° 10.)

69. En cas de confiscation des marchandises de contrebande trouvées sur un bâtiment français, seront remis à la disposition du consul ou vice-consul, le navire, le reste de la cargaison, le capitaine et l'équipage, pour être procédé contre eux suivant les ordres de leur cour. (Art. VIII de la convention du 27 décembre 1774, pièce n° 12. —Art. II et V de la convention du 24 décembre 1786, pièce n° 14.)

CHAPITRE X.

Devoirs et restrictions aux facultés des Consuls.

70. Les Consuls et Vice-Consuls sont tenus de soumettre à **S. M. C.** leur brevet ou patente originale, avec sa traduction en Espagnol, et de lui en demander son assentiment royal.

71. Les Consuls sont tenus de justifier qu'ils sont nés sujets du prince dont ils ont reçu leur nomination. Les Vice-Consuls en sont dispensés. (Loi VI du 1 février 1765, pièce n. 8.)

72. Les Consuls et Vice-Consuls sont tenus d'exhiber aux gouverneurs on aux justices du pays où ils doivent résider leur brevet et leur *exéquatur*. (Art. III de la convention du 13 mars 1766, pièce n. 10.)

73. Les Consuls ou Vice-Consuls ne pourront exercer aucune jurisdiction sur les sujets de leur propre souverain. Ils ne s'ingèreront pas dans les affaires des vaisseaux de leur nation, ni dans les différends de leurs nationaux *transéuntes*, que par voie d'arbitrage, et lorsque ceux-ci voudront se soumettre volontairement à la décision du Consul. (Loi VI du 1 février 1765, pièce n. 8. Art. V. de la convention du 13 mars 1769, pièce n. 10.)

74. Dans les vacances des Consuls ou Vice-Consuls, et dans les lieux où il n'y en aurait pas, il ne sera perçu aucun droit de Consulat.

75. Il est défendu aux Agens Consulaires de déléguer leurs pouvoirs. (Loi VI du 1 février 1765, pièce n. 8.)

76. Les Consuls ou Vice-Consuls ne devront pas manquer aux égards dûs aux Gouverneurs, aux Magistrats, et aux Juges qui représentent le Roi et la Justice. (Art 11 de la convention du 13 mars 1769, pièce n. 10.)

77. Les hôtels des Consuls ne seront pas considérés comme un lieu d'asile, capable de soustraire la maison ni ceux qui l'habitent aux poursuites de la justice du pays. (Art. 11 de la convention du 13 mars 1769, pièce n. 10.)

78. Les Consuls étrangers, en Espagne, sont tenus d'y payer les droits d'entrée sur les objets qu'ils importeront et même sur ceux destinés à leur usage. (Ordonnance de S. M. C. du 3 septembre 1817, pièce n. 26.)

EXTRAIT

DES

TRAITÉS ET CONVENTIONS

ENTRE

L'ESPAGNE ET LA FRANCE.

CÉDULES, ORDRES ROYAUX ET LOIS ESPAGNOLES,

RELATIVEMENT AUX

DROITS CIVILS ET COMMERCIAUX

DES FRANÇAIS EN ESPAGNE,

ET DES ÉTRANGERS EN GÉNÉRAL.

N° 1.

1663. — *Le 4 Juillet.*

Livre III, titre IX. Novisima recopilacion.

Loi III.

Don Philipe IV, à Madrid, le 4 Juillet 1663.

Les membres de la justice pourront passer leur bâton levés par devant les hôtels des ambassadeurs.

J'ai décidé que les domestiques des ambassadeurs ne doivent pas empêcher les *ministres de la justice* (a) d'exercer leurs fonctions, jusqu'aux portes des hôtels de leurs maîtres : ainsi ces officiers pourront dorénavant passer leurs bâtons levés par devant les hôtels des ambassadeurs et autres ministres publics.

(a) Les mots espagnols *ministros de justicia* ou *alguaciles*, signifient bas-officiers de justice ou sergens. Ils sont chargés de l'exécution, à main armée, des dispositions de l'autorité. Ils ont un costume particulier, et sont munis d'une espèce de bâton en jonc très-long, qu'on appelle *vara de justicia*, bâton de justice. Quand ils doivent agir au nom des magistrats, ils sont obligés de porter leurs *varas* levés.

(*Note du traducteur.*)

Nº 1.

1663. — 4 *de Julio.*

Don Felipe IV, en Madrid , à 4 de Julio de 1663.

P. 54, libro, III, título IX de la novísima recopilacion.

Ley III.

Los ministros de justicia pueden pasar con las varas levantadas delante de las casas de los embajadores.

« He resuelto que los criados de embajadores no embaracen à los ministros de justicia el ejercicio de ella hasta las puertas de las casas de sus amos, y asi delante de las casas de embajadores y otros ministros públicos han de poder pasar con las varas levantadas. » (Art. 3, tit. 8, lib. 6. R.)

Nᵒ 2.

1692. — *Le 20 Juin.*

Don Charles II, à Madrid, le 20 Juin 1692, et le 21 Avril 1697

Livre III, titre IX. Novisima recopilacion.

Loi IV.

Mode de pratiquer des poursuites judiciaires envers les domestiques des ambassadeurs, et défense aux susdits de faire le commerce.

Il est défendu de procéder aux poursuites judiciaires contre les domestiques des ambassadeurs et autres ministres publics, envoyés par leur souverain, sans en donner préalablement connaissance au président du conseil de Castille, qui en fera d'avance le rapport à ma royale personne.

Que des ordres soient donnés au tribunal de *la sala des Alcaldes*, pour qu'il veille à ce que les ambassadeurs et ministres étrangers ne permettent pas à leurs domestiques de s'engager dans aucun contrat public ou toute autre affaire de commerce.

Nº 2.

1692. — 20 *de Junio.*

P. 54, lib. iii, tit. ix, de la novísima recopilacion.

Ley IV.

Don Carlos II, en Madrid, á 20 de Junio de 1692,
y á 21 abril de 1697.

*Modo de practicar diligencias judiciales con los
criados de embajadores, y prohibicion de tener
trato y comercios.*

« No se practiquen diligencias judiciales con los
criados de los embajadores, y otros ministros públicos enviados de sus soberanos, sin dar cuenta
al presidente, y este lo participará antes á mi real
persona. Dese órden á la sala para que cele sobre
que los embajadores y ministros extrangeros no
permitan á sus criados tener tratos públicos ni
comercio. » (Art. 4 y 5, tit. 8, lib. 6. R.)

N° 3.

1716. — *Le 8 Mars.*

Loi vr, titre de la nouvelle compilation des lois d'Espagne.

Loi III.

(Don Philippe V.)

Décision en vertu de l'avis de la junte des Etrangers, en date du 8 Mars 1716.

Qualités que devront avoir les Etrangers pour être considérés comme habitans de ces royaumes.

Doit être considéré comme domicilié, ou habitant, 1° l'Etranger qui a obtenu le privilége de naturalité. — Celui qui est né dans ce royaume. — Celui qui s'y est converti à notre sainte foi catholique. — Celui qui, existant sur ses propres revenus, y fixe son domicile. — Celui qui a obtenu son domicile dans quelque lieu. — Celui qui a épousé une femme de ce royaume et y demeure domicilié, et si la femme est étrangère, par son mariage elle devient de la condition et obtient le domicile de son époux. — Celui qui s'établit en Espagne en achetant, ou en acquérant des biens fonds ou immeubles. — Celui qui étant ouvrier, vient demeurer parmi nous, et à y excercer sa profession ; et de même celui qui demeure et exerce des métiers mécaniques, ou tient boutique dans laquelle il vend en détail. — Celui qui remplit quelque fonction municipale, honorable, ou charge de quelque classe que ce soit, qui ne pourra être exercée que par les naturels. — Celui qui jouit des pâturages et des franchises qui appartiennent aux habitans. — Celui qui a demeuré dix ans dans ces royaumes avec une maison montée. — Et de même dans tous les autres cas où, en conformité du droit commun, ordonnances royales et lois , l'Etranger acquiert naturalisation ou domicile, et qui en conséquence est assujéti aux mêmes charges que les naturels, par la raison légale et fondamentale qu'il participe aux mêmes bénéfices, tous ceux-ci, *étant légitimement naturels*, et étant obligés de satisfaire aux mêmes devoirs qu'eux. Mais les étrangers *transéuntes* seront interdits de l'exercice des emplois municipaux ; ils ne pourront pas être dépositaires , tuteurs, receveurs, curateurs, gardes des champs, vignes, forêts, ni compris dans les levées de troupes, ni dans les milices (4), ni autre chose de pa-

---

(4) Par la cédule royale du 6 juin 1773, explicative de celle du 17 mars de la même année, S. M. accorda le privilége d'exemption du tirage au sort et du service militaire pour le *remplacement* de l'armée (recrutement de l'armée

reille nature, et finalement que personne ne soit exempt de la contribution des *Alcabalas* et *Cientos* et que les *transéuntes* seulement le soient des autres charges ou services personnels, devant être déclarés domiciliés tous ceux qui se trouveront compris dans quelqu'une des circonstances ci-dessus spécifiées.

N° 3.

1716. — 8 *de Marzo*.

F. 166, lib. vi, tit. xi de la novísima recopilacion.

LEY III.

Don Felipe v, por resolucion à consulta de la junta de Extrangeros, de 8 de Marzo de 1716.

Circunstancias que deben concurrir en los Extrangeros para considerarse como vecinos de estos reinos.

« Debe considerarse por vecino, en primer lu-

permanente) en faveur des fils des Etrangers industrieux nés dans ces royaumes; étant considérés comme naturels et sujets assujettis aux lois et aux charges publiques ainsi que leurs parens, et comme étant du premier degré de naturalisation, pourvu toutefois qu'ils demeurent attachés aux mêmes professions, ou bien qu'ils soient véritablement occupés dans toute autre industrie utile à l'État.

gar , cualquier extrangero que obtiene privilegio de naturaleza; el que nace en estos reinos; el que en ellos se convierte à nuestra Santa Fé católica; el que viviendo sobre sí establece su domicilio; el que pide y obtiene vecindad en algun pueblo; el que casa con muger de estos reinos y habita domiciliado en ellos, y si la muger es extrangera que casare con hombre natural, por el mismo hecho se hace del fuero y domicilio de su marido: el que se arraiga comprando y adquiriendo bienes raices y posesiones; el que siendo oficial viene á morar y ejercer su oficio, y del mismo modo el que mora y ejerce oficios mecánios, ó tiene tienda en que venda por menor; el que tiene oficios de concejo públicos, honorificos, ó cargos de cual-quier género que solo puedan usar los naturales; el que goza de los pastos y comodidades que son propios á los vecinos; el que mora diez años con casa poblada en estos reinos, y lo mismo en todos los demas casos en que conforme á derecho comun, reales órdenes y leyes adquiere naturaleza ó ve-cindad el extrangero, y que segun ellas está obli-gado á las mismas cargas que los naturales por la legal y fundamental razon de comunicar de sus uti-lidades; siendo todos estos legitimamente naturales, y estando obligados á contribuir como ellos, dis-tinguiéndose los transeuntes en la exoneracion de oficios concejiles depositarías, receptorias, tute-las, curadurias, custodia de panes, viñas, montes, huéspedes, leva, milicias (4) y otras de igual calidad; y finalmente que de la contribucion de alcabalas y cientos nadie esté libre; y que solo los transeuntes lo esten de las demas cargas, pechos ú servicios personales, con que se distinguen unos de otros; debiendo declararse por comprendidos todos aquellos en quienes concurran cualquiera de las circunstancias que quedan expresadas. » (Segunda parte auto 22, título 4, libro 6. R.)

Nº 4.

1716. — *Le 25 Décembre.*

Livre III, titre IX.

Loi V.

Don Philipe v, à Madrid, le 25 décembre 1716, en vertu d'une consultation du 2 Novembre 1715.

Détermination de l'immunité accordée aux hôtels des ambassadeurs, et défense à ceux-ci de nommer des alguazils et greffiers.

« J'ai décidé relativement à l'étendue de l'im-

(4) Por real cédula de 6 de junio de 1773, declaratoria de la de 17 de marzo del mismo año, concedió S. M. el privilegio de exencion del sorteo y servicio militar, para el remplazo del ejército á los hijos de extrangeros industriosos nacidos en estos reinos, sin embargo de que se consideran como naturales y vasallos sugetos á las leyes y cargas públicas como sus padres, siendo de primer grado, y con tal que vivan aplicados á los oficios de estos, ó que se ocupen verdaderamente en otra industria provechosa al Estado.

munité que l'Ambassadeur de France prétend donner à son hôtel, qu'on lui fasse savoir par la *voie reservée*, qu'il est dans l'erreur, car l'immunité doit seulement s'entendre comme elle a été entendue et pratiquée dès l'année 1684, dans cette capitale, avec tous les Ministres des Princes, c'est-à-dire seulement *de puertas a dentro* (dans tout l'intérieur de l'hôtel jusqu'à la porte), tel que cela s'observe à Paris avec mes Ambassadeurs; que devant être persuadé de cela, et que je ne lui accorderai pas une immunité plus étendue que celle dont jouit et se contente mon Ambassadeur à Paris, qu'il veuille bien m'éviter le désagrément qui pourrait résulter de sa conduite, fondée sur des erreurs volontaires ou conçues sur de sinistres rapports. Et j'ordonne que l'on prévienne la *Sala* (espèce de Tribunal d'appel) le Corrégidor (Maire) et les officiers de justice de ce qu'ils doivent faire et exécuter à ce sujet. Et pour ce qui regarde la nomination d'Alguazil et celle de Greffier, j'ai décidé que par la même *voie réservée* l'on écrive une lettre au même Ambassadeur en lui renvoyant les deux susdits brevets, en lui disant qu'il ne lui appartient pas et qu'il n'a pas besoin de ce genre d'autorité, car ni les Alguazils ni les Greffiers ne lui sont pas nécessaires pour l'intérieur de son hôtel, et que pour ce qui regarde le dehors, s'il en a besoin quelquefois il n'a qu'à s'adresser à quelque *Alcalde* ou *Teniente* (magistrats du tribunal de 1re ins-

tance) en leur demandant leur aide, et ils ne man-
queront pas, tant pour leur devoir que pour les
égards dus à sa personne et à son caractère public, de nommer et de choisir des personnes capables d'exécuter ce qu'ils croiraient convenable de leur ordonner, et si après avoir
éclairé l'ambassadeur de tous ces malentendus,
au sujet desquels il a outrepassé ses prérogatives,
il continuait néanmoins à délivrer de semblables
expéditions, les Alguazils et les Greffiers seront
tenus de les remettre à la *Sala de Alcaldes*, et
s'il s'en trouvait quelqu'un d'assez indiscret pour
les recevoir et les conserver, par cela même qu'il
soit de suite mis en prison.

Nº 4.

1716. — 25 *de Diciembre.*

F. 54, lib., III, tít., IX de la novísima recopilacion.

Ley V.

Don Felipe V, en Madrid, á 25 de Diciembre de 1716, á consulta de
9 de Noviembre de 1715.

*Inteligencia de la inmunidad de las casas de em-
bajadores, y prohibicion de nombrar estos alguaciles y escribanos.*

« He resulto por lo que toca á la extension de

inmunidad que intenta dar á su casa el embajador
de Francia, se le diga por la via reservada, esté
en inteligencia de que está muy equivado, pues
solo se deber entender, como se ha entendido y
practicado desde el año de 1684, con todos los
ministros de principes en esta corte, que es solo
desde las puertas á dentro de su casa, y que esto
y nada mas es lo que se practica en Paris con mis
embajadores, y que entendido de ello, y de que
no le permitiré ninguna extension, que ni tiene,
ni intenta mi embajador en Paris, me excuse el
enfado que puede resultar de su conducta sobre
equivocaciones voluntarias ó concebidas de sinies-
tros informes. Y mando se encargue à la sala, corregidor y demas ministros de justicia lo que deben hacer y pueden ejecutar, y por lo que mira
al nombramiento de alguacil y escribano, he resuelto se escriba un papel al mismo embajador
por la propia via reservada, volviéndole el nombramiento de alguacil y el de escribano, reco-
giéndole, si le ha expedido y diciéndole, que ni
le toca ni necesita de este género de autoridad,
pues para dentro de su casa no ha menester alguaciles ni escribanos; y que para fuera de ella, si
los necesitase, siempre que acuda á pedir á cualquier alcalde ó teniente le asista de justicia para
alguna dependencia, no faltarán por su obliga-
cion, y por la atencion á su persona y carácter, á
nombrar y elegir personas á propósito para la
ejecucion de lo que ellos hallaren por conveniente

encargarles; y que si depuestas las equivocaciones sobre que en estas demasías procede el embajador, continuare en la facilidad de semejentes expediciones, los alguaciles y escribanos las entreguen en la sala de alcaldes; y si hubiere alguno tan inadvertido que las reciba para no entregarlas, por el mismo hecho de dilatarlo se ponga preso en la cárcel.» (Art. 6, tít. 8, lib. 6. R.)

N° 5.

1727. — 7 *Juillet.*

Livre vi, titre xi.

Loi V.

Le même (Philipe V), à Madrid, le 7 Juillet 1727.

Juridiction des juges-conservateurs des Etrangers.

« Jugeant très-convenable (pour prévenir les doutes qui se présentent tous les jours et qui pourront se présenter à l'avenir, concernant la juridiction des juges-conservateurs pour les nations étrangères), que le conseil de la guerre soit instruit de la résolution que j'ai prise sur ce point

en 1716, en tout conforme à la déclaration portée dans la cédule qui est communiquée aux
juges-conservateurs depuis lors, pour leur servir
de règle dans l'exercice de leur ministère, j'ai cru
bon de lui adresser (comme je le fais) les copies
ci-jointes de la même cédule, et d'une note dans
laquelle sont exprimés individuellement les droits
(*fueros*) des étrangers passagers (*transéuntes*) et
des domiciliés (*avecindados*) (loi 3), afin qu'il en
soit prévenu pour s'y conformer exactement, et
elles sont ainsi qu'il suit.

CÉDULE.

Attendu que les consuls et hommes d'affaires
(de telle nation) m'ont représenté que leur nation, jusqu'à la déclaration de la dernière guerre,
a toujours eu un juge-conservateur dans cette
ville, et attendu que les Anglais, les Français et
les Hollandais ont besoin d'un juge-conservateur
auquel ils puissent s'adresser dans leurs affaires
et transactions, conformément au traité de paix
d'Utrecht, me suppliant en conséquence que je
veuille bien leur nommer un juge-conservateur,
et que ce soit un des juges de première instance
ou du tribunal (de tel endroit), et ayant accordé
cette demande : c'est pourquoi, prenant en considération l'intégrité et les lumières dont vous êtes
orné, monsieur N., juge de première instance ou
de la cour royale (de tel endroit), en vertu de

53

la présente je vous choisis et nomme juge-conservateur de la nation (de tel endroit) dans ladite
ville de N. , et je vous ordonne de voir et d'examiner les traités de paix stipulés entre cette couronne et lesdits états, et d'en surveiller l'exacte exécution : bien entendu que vous ne devez connaître et vous occuper que des litiges présens et à
venir entre sujets de la même nation (de tel
endroit), étant négocians passagers (*transéuntes*)
qui demeurent, vont et viennent dans ces royaumes pour commercer en gros , et nullement de
ceux qui sont domiciliés et établis (*avecindados y
arraigados*) en Espagne ; parce que le privilége
que j'accorde aux premiers ne doit point comprendre les derniers, sous aucun prétexte que ce
soit ; car les affaires et les litiges des étrangers
domiciliés et établis dans mes états sont de nature différente , et doivent suivre nécessairement
les mêmes règles que les affaires et les litiges
de mes sujets, sans distinction ; et vous sur-
veillerez avec le plus grand soin l'exécution
exacte de cette disposition , en sorte de ne point
commettre la moindre innovation à ce qui vient
d'être prescrit, sous peine de mon indignation et
de la nullité de vos procédures , afin d'éviter par
ce moyen les inconvéniens graves et nuisibles
qui en sont résultés pour mon service royal. C'est
pourquoi et afin que vous jugiez privativement
tous les procès qui sont ou qui seront intentés à
l'avenir entre les négocians purement passagers

(*transéuntes*) qui demeureront dans la susdite ville de N. ainsi que ceux que les mêmes individus auront à soutenir contre tout autre quelconque de nos sujets nationaux ; parce que mon intention est que vous devrez connaître tous les litiges, quand ils seront suscités entre les mêmes négocians (de tel endroit) demandeurs et défendeurs, et également de ceux dans lesquels ils seront attaqués par toute autre personne quelconque ; et je vous donne et accorde plein-pouvoir et commission, avec inhibition aux membres de mon conseil, cours royales, chancelleries, corrégidors, juges de première instance et tous autres juges et magistrats, de quelque nature qu'ils soient, sans qu'ils puissent se mêler en rien concernant l'usage ni l'exercice de cette commission, ni en première instance, ni par la voie de recours, appel, ni en aucune autre manière ; parce que je leur fais à tous défense expresse de connaître desdits litiges, et les déclare juges incompétens en pareille matière, sans que dans aucun cas on puisse former conflit, en aucune manière contre l'usage et l'exercice de cette commission ; voulant que vous seul jugiez (ainsi qu'il est dit), tous les procès qui sont intentés ou qui le seront à l'avenir, entre négocians passagers, demeurant dans ladite ville de N., et dans lesquels vous jugerez en première instance, conformément à la loi ; et les appels qui seront interposés, vous les recevrez par-devant mon conseil de la guerre, en chambre de justice,

où ils seront suivis et terminés définitivement,
excepté les procès qui concerneront mes domaines et droits royaux ; car ceux-ci ont leurs tribunaux spéciaux ; et j'ordonne au président et aux
juges de mon conseil, et à tous les autres magistrats et tribunaux, que l'exécution de cette cédule
pourra concerner, à quelque titre que ce soit,
qu'ils n'opposent aucune entrave à ce qui y est
disposé, mais qu'ils l'exécutent et la fassent exécuter inviolablement dans son contenu, quand
même ce serait contre les lois, ordonnances et
coutumes de mes royaumes, auxquels, pour cette
fois, je déroge, les laissant dans toute leur force
et vigueur pour l'avenir ; car telle est ma volonté.
(Art. 22, tit. 4, liv. 6. R.)

Nº 5.

1727. — *7 de Julio.*

F. 168, lib. vi, tit. xi de la novísima recopilacion.

Ley V.

El mismo (Don Felipe V), en Madrid , a 7 de Julio de 1727.

Jurisdiccion de los jueces conservadores de
Extrangeros.

« Considerando muy conveniente (para obviar
dudas é interpretaciones en los casos que cada

dia se ofrecen y pueden ocurrir en adelante sobre la jurisdiccion de los jueces conservadores de las naciones extrangeras) que el consejo de guerra se halle infirmado de lo que en este punto tengo resuelto desde el año de 1716, que es conforme á lo que se declara y previene en la cedula que desde entonces se les despacha para ejercicio de su ministerio; me ha parecido remitirle (como le remito) las adjuntas copias de ella, y de un apuntamiento en que con toda distincion se expresen los fueros de transeuntes y avecindados extrangeros (ley 3,) á fin de que esté prévenido de ello para su mas clara comprension y observancia; y son los siguientes :

CÉDULA.

Por cuanto los consules y hombres de negocios (de tal nacion) me han representado, que siempre en aquella ciudad ha tenido su nacion Juez conservador, hasta que se declaró la ultima guerra; y respecto de necesitar los Ingleses, Franceses y Holandeses de Juez conservador, para que en sus negocios y dependencias tengan á quien recurrir, en conformidad del tratado de paces celebrado en Utrecht; suplicandome que en esta consideracion tenga por bien de nombrarles Juez conservador y que lo sea uno de los Alcaldes ù oidores (de tal parte), y habiendo condescendido con esta instancia; por tanto, atendiendo á las buenas partes de integredad é inteligencia, que concurren

en vos. F. alcalde, ú oidor de la chancilleria ó
audiencia (de tal parte), en virtud de la presente
os elijo y nombro por Juez conservador de la
nacion (de tal parte) en la referida ciudad (de tal)
y os ordeno y mando, que veais los tratados de
paces ajustados entre esta corona y aquellos es-
tados, y hagais guardar y cumplir lo estipulado
en ellos : bien entendido que unicamente habeis
de conocer y conozcais de los litigios que hubiere
y resultaren entre sugetos de la propia nacion (de
tal parte), siendo comerciantes transeuntes, que
habitan, van y vienen á estos reinos à comerciar
por mayor, y no de los avecindados y arraigados
en España, porque el privilegio que concedo á
aquellos no ha de trascender á estos por ningun
motivo, causa ó razon que se ofrescan, respecto
de que las dependencias y litigios de los que es-
tán avecindados y arraigados en mis dominios
tienen otra naturaleza, y deben seguir precisa-
mente las mismas reglas que mis vasallos y subditos sin diferencia alguna; en cuya observancia
pondreis el mayor cuidado y aplicacion, de suerte
que no se incurra en la menor inovacion de lo
que viene expresado, pena de mi indignacion y
nulidad de todo lo que actuareis, para que por este
medio se eviten los graves y perniciosos inconvenientes que han resultado á mi real servicio. Para
lo cual y para que conozcais privativamente de
todas las causas que se hubieren movido y movieren entre los puramente comerciantes *transéuntes*

que habitaren en la referida ciudad (de tal), y en las que estos fuesen reos convenidos por otro cualquier nacional ó subdito mio; por que mi animo es hayais de conocer de todos los litigios, cuando sean entre los mismos comerciantes (de tal parte) actores y reos; y asimismo en lo que fuesen reos convenidos por otro cualquiera; y os doy y concedo plena facultad y comision, con inhibicion de los de mi consejo, audiencias, chancillerias, corregidores, alcaldes mayores y demas justicias de cualquier calidad que sean, sin que puedan entrometerse en el uso y ejercicio de esta comis on en la primera instancia, ni por via de exceso, recurso, apelacion ni en otra forma alguna; porque á todos los inhibo y he por inhibidos del conocimiento de tales causas, y los declaro por jueces incompetentes, sin que por ningun caso se pueda formar competencia en manera alguna contra el uso y ejercicio de esta comision; y que vos solamente conozcais (como viene referido) de todas las causas que se hubieren movido y movieren entre los comerciantes transeuntes que residieren en la expresada ciudad (de tal), procediendo vos en ella en prima instancia conforme á derecho; y que las apelaciones que interpusieren, las otorgueis para mi consejo de guerra de justicia, donde se han de seguir y terminar en definitiva excepto las que tocaren á mis rentas y derechos reales, por tener estas sus tribunales destinados; y mando al presidente y los

de mi consejo, y á los demas ministros y justicias
á quienes en cualquier manera toque y pudiere
tocar el cumplimiento de esta mi cedula, no
vayan contra lo dispuesto en ella, antes bien
guarden y hagan guadar inviolablemente lo con-
tenido de ella, aunque sea contra leyes, ordenan-
zas, estilo y costumbres de estos reinos, en que
por esta vez dispenso, dejandolas para lo de en
adelante en su fuerza y vigor, que asi procede de
mi voluntad. (Art. 22, tít. 4, lib. 6. R.)

Nº 6.

1737. — 15 *Juin*.

Livre III, titre IX.

Loi VI.

Don Philipe V, à Aranjuez, le 15 Juin 1737.

*Prérogative des Ambassadeurs, relativement à
leurs dettes.*

Vu les représentations adressées par les créanciers de l'envoyé extraordinaire des cantons catholiques, et ce qui a été exposé par celui-ci à
ma royale personne, considérant que les prérogatives, for et privilége des ministres publics, de

ne pas être contraints juridiquement, ni appelés pardevant les tribunaux pendant l'exercice de leur ministère, s'entend et pratique seulement dans les cas où leurs contrats antérieurs à leur légation produisirent action et droits à leurs créanciers, desquels actions et droits sont alors interdits pendant la durée de leur ambassade ; mais non pour les dettes, affaires ou contrats particuliers qu'ils pourraient contracter pendant l'exercice de leur ministère public ; car si dans de pareils cas l'on avait égard aux priviléges de leur caractère, ce ne serait qu'aux dépens de la justice et de la raison naturelle , et il convient qu'à l'ombre de l'immunité aucun tiers ne soit trompé. Ordonnons que le susdit envoyé fasse valoir ses droits par devant les tribunaux respectifs à ses obligations et contrats, et qu'en conséquence les contraintes arrêtées justement par le conseil de Castille contre cet individu et ses biens reçoivent leur entière exécution.

Nº 6.

1737. — 15 *de Junio*.

F. 55, lib. iii, tít. ix de la novísima recopilacion.

Ley VI.

El mismo, en Aranjuez, a 15 de Junio de 1737.

*Prerogativa de los embajadores en cuanto
á deudas.*

« En vista de los memoriales de los acreedores
contra el enviado extraordinario de los cantones
católicos, y recurso de este á mi real persona, te-
niendo presente que la prerogativa, fuero y privilegio de los ministros públicos, para no ser apre-
miados ni convenidos en juicio durante su ministerio, ni estrechados con ejecuciones, se
entiente y practica solo, cuando los contratos an-
teriores à su legacía dieron accion y derechos à sus
acreedores, y se suspende por el tiempo de ellas,
pero no por las deudas, negocios y contratos particulares propios que durante el ejercicio de su
ministerio público han contraido; porque de
atender en este caso al privilegio de su caracter,

fuera contra justicia y razon natural, y conviene que
á la sombra de la exencion no sea engañado ningun
tercero; he resuelto, que dicho enviado siga su
derecho en los tribunales respectivos á sus obli-
gaciones y contratos; y que en su consecuencia
corran los apremios tan justamente acordados y
resueltos por el consejo contra este sugeto y
bienes. » (Art. 7, tít. 8, lib. 6. R.)

N° 7.

1761. — 15 *Août.*

---

*Articles extraits du Traité de Paix, nommé
Pacte de Famille, conclu entre S. M. C. et
S. M. T. C., signé à Paris, le 15 Août 1761.*

Art. XXIII.

Pour cimenter d'autant plus cette intelligence et
ces avantages réciproques, entre les sujets des
deux couronnes, il a été convenu que les Espagnols ne seraient plus réputés aubains en France;
en conséquence, S. M. T. C. s'engage d'abolir en
leur faveur le droit d'aubaine, de sorte qu'ils pourront disposer par testament, donation ou autrement, de tous leurs biens sans exception, de quelque nature qu'ils soient, qu'ils possèderont dans

son royaume, et que leurs héritiers, sujets de S.
. C., demeurant en France ou ailleurs, pourront recueillir leurs successions même ab-intestato, soit par eux, soit par leurs procureurs ou mandataires, quoiqu'ils n'eussent point obtenu des lettres de naturalisation, et transporter lesdits biens hors des états de S. M. T. C. nonobstant toutes les lois, édits, statuts, coutumes ou droits à ce contraires, auxquels S. M. T. C. déroge en tant que besoin serait. S. M. C. s'engage, de son côté, à faire jouir des mêmes priviléges, et de la même manière, dans les états et pays de sa domination, tous les Français et sujets de S. M. T. C., par rapport à la disposition des biens qu'ils posséderont dans toute l'étendue de la monarchie espagnole; ainsi les sujets des deux couronnes seront généralement traités, en tout et pour tout ce qui regarde cet article, dans les pays des deux dominations, comme les propres et naturels sujets de la puissance dans les états de laquelle ils résideraient. Tout ce qui est énoncé ci-dessus, relativement à l'abolition du droit d'aubaine, et aux avantages dont les Français doivent jouir dans les états du roi d'Espagne en Europe, et les Espagnols en France, est expressément accordé ici aux sujets du roi des Deux-Siciles; et réciproquement, les sujets de LL. MM. T. C. et C. jouiront des mêmes exemptions et avantages dans les états de S. M. sicilienne.

Art. XXIV.

Les sujets des hautes parties contractantes seront traités, relativement au commerce et aux impositions, dans chacun des deux royaumes, en Europe, comme les propres sujets du pays où ils aborderaient ou résideraient; de sorte que le pavillon espagnol jouira en France des mêmes droits et prérogatives que le pavillon français, et pareillement, le pavillon français sera traité en Espagne avec la même faveur que la pavillon espagnol. Les sujets des deux monarques, en déclarant leurs marchandises, paieront les mêmes droits que les nationaux; ils jouiront aussi comme eux de la liberté de l'importation et de l'exportation, et l'on ne paiera de part et d'autre, que les droits perçus sur les propres sujets du souverain; les marchandises sujettes à confiscation seront les mêmes que celles prohibées aux nationaux, et pour ce qui regarde ces objets, tous traités, conventions ou engagemens antérieurs entre les deux monarques resteront abolis; bien entendu que nulle autre puissance étrangère ne jouira en Espagne ainsi qu'en France de priviléges plus avantageux que ceux des deux nations. On observera les mêmes règles en France et en Espagne à l'égard du pavillon et des sujets du roi des Deux-Siciles; et S. M. sicilienne les fera réciproquement observer à l'égard du pavillon et des sujets des couronnes de France et d'Espagne.

N° 8.

1765. — *Le 1ᵉʳ Février.*

RÉGLEMENT sur les conditions requises pour l'établissement et l'admission des consuls et vice-consuls étrangers en Espagne, avec les exemptions, droits et priviléges dont ces fonctionnaires publics devront jouir. Approuvé par S. M. C. au Pardo le 1ᵉʳ février 1765.

Plusieurs doutes s'étant élevés relativement aux qualités que devront avoir les consuls et vice-consuls des puissances étrangères pour exercer leurs emplois dans les places et ports de mes domaines, où il en aurait existé antérieurement, munis de cédule royale d'approbation, ainsi que sur les exemptions et priviléges qui leur sont accordés : j'ai bien voulu approuver le réglement qui m'a été proposé à ce sujet par l'assemblée de commerce et dépendances (affaires) d'étrangers, en date du 30 juillet 1763 ; lequel embrasse les points suivants : Que les consuls devront joindre la commission originale avec sa traduction authentique en espagnol à la requête en demande de mon assentiment royal ; qu'ils auront à justifier être nés sujets du Prince ou de l'État dont ils ont reçu la nomination, sans qu'ils puissent faire valoir, à ce sujet, des lettres ou priviléges de naturalisation dans leurs domaines, et de n'être domiciliés dans aucun de ceux d'Espagne ; que les vice-consuls seront tenus de remplir les mêmes formalités, à l'exception néanmoins de la justification ordonnée aux consuls, d'être nés sujets du Prince ou de l'État qu'ils doivent servir, et dont ils demeurent dispensés ; que les consuls, ainsi que les vice-consuls, devront indispensablement impétrer l'assentiment royal, sans lequel ils ne pourraient être admis aux fonctions de leurs emplois ; que si le besoin existait d'établir des consuls ou vice-consuls à raison de l'accroissement du commerce de la nation qui les aurait nommés, pour des endroits où il n'y en aurait pas eu jusqu'alors, ils puissent avoir recours à ma personne royale, afin qu'instruite de leur nécessité, je sois à même de leur accorder cette grâce, s'il était de mon bon plaisir de la dispenser ; qu'en leur qualité de consuls, ils n'aient d'autre rang ou considération que celui de simples agens de leur nation, car ils le sont proprement, puisqu'ils jouissent, à cet égard, du for militaire comme le reste des étrangers *transéuntes* (non-établi, non domicilié) ; qu'ils soient uniquement exempts de logement et de toutes charges personnelles et municipales ; mais que s'ils faisaient le commerce en gros ou en détail, ils doivent être traités à l'instar de tout individu étranger faisant un pareil commerce ; que leurs maisons ne jouissent d'aucune immunité, ne leur étant pas permis d'avoir à l'extérieur le tableau des armes du Prince ou de l'État dont ils ont reçu leur nomination, mais seulement de mettre sur leurs tours et terrases, ou dans d'autres endroits de leurs maisons, un signe à pouvoir indiquer aux nationaux le domicile de leur consul ; qu'ils ne pourront exercer aucune juridiction sur les sujets de leur propre souverain, mais bien concilier leurs différens, d'une manière extrajudiciaire et à l'amiable, quoique les justices du royaume dussent leur donner le secours nécessaire pour l'exécution de leurs mesures arbitrales et extrajudiciaires, les distinguant (les consuls et vice-consuls) et ayant égard à leurs réclamations régulières ; que dans les vacances des consuls ou vice-consuls, et dans les lieux où il n'y en aurait pas, il ne soit permis de percevoir aucun droit de consulat ; et qu'enfin, pour lever toute incertitude à cet égard, les consuls n'auraient plus la faculté de nommer d'autres fondés de pouvoirs que ceux dont ils auraient besoin pour leurs affaires personnelles ou domestiques, puisque les agens consulaires, qu'ils peuvent établir avec mon assentiment royal où mieux leur conviendra (s'ils en ont la faculté), doivent exercer par eux-mêmes leurs emplois et non par d'autres personnes. Approuvé au Pardo par décret du premier février 1765. (Extrait du liv. VI, tit. XI, loi VI de la nouvelle compilation des lois d'Espagne.)

EXÉQUATURS ROYAUX.

Modèle d'un Exéquatur royal expédié à un consul ou vice-consul transéunte en Espagne, et sujet de la puissance dont il a obtenu la nomination

Le Roi,

Attendu que le sieur N... m'a représenté que S. M. le roi de ...... l'avait nommé consul de sa nation dans le port de ....., ainsi qu'il est constaté par la patente originale qu'il a présentée, me suppliant de vouloir bien lui accorder mon approbation, afin qu'il pût exercer son emploi, à ce dont j'ai bien voulu accéder : et à ces considérations, j'ordonne au capitaine général de ... et autres gouverneurs, juges, et justices à qui l'exécution de cette cédule pourrait appartenir, d'avoir et de tenir ledit sieur N..., comme tel consul du roi de..., dans la ville et port de..., l'admettant dans l'exercice et aux fonctions de son emploi, en vertu duquel il ne pourra exercer aucun acte de juridiction, lui permettant seulement d'intervenir comme arbitre dans les différens qui pourraient s'élever entre les marchands et les maîtres de navires, ou entre les maîtres et les marins, pour les concilier : C'est donc en conformité de cette disposition, et non autrement, que je veux et ordonne qu'il soit admis

Modèle d'un exéquatur royal expédié à un consul ou vice-consul, sujet espagnol ou domicilié en Espagne.

Le Roi,

Attendu que le sieur N..., naturel de mes royaumes, m'a représenté que S. M. le roi de... l'avait nommé consul de la nation..., dans le port de..., ainsi qu'il est constaté par la patente originale qu'il a présentée, me suppliant de vouloir bien lui accorder mon approbation, afin qu'il pût exercer ledit emploi, à ce dont j'ai bien voulu accéder : et à ces considérations, j'ordonne au capitaine général de... et aux autres gouverneurs, juges et justices à qui l'exécution de cette cédule pourrait appartenir, d'avoir et de tenir le sieur N... comme tel consul de la nation..., dans le port de..., l'admettant à l'exercice et aux fonctions de son emploi, en vertu duquel il ne pourra exercer aucun acte de juridiction, lui permettant seulement d'intervenir comme arbitre dans les différens qui pourraient s'élever entre les marchands et les maîtres de navires, ou entre les maîtres et les marins, pour les concilier : « Et attendu que le-« dit sieur N... est domici-« lié dans ces royaumes et « mon sujet, et que par cette « raison il ne convient pas

dans l'exercice et aux fonctions de son emploi, et qu'on
lui laisse percevoir les droits
et émolumens qui pourraient
lui revenir en sa dite qualité
de consul. Et qu'il jouisse
des exemptions, des prérogatives et des libertés qui
doivent lui être gardées, sans
y mettre aucun obstacle à ce
sujet; car telle est ma volonté. Donné à Madrid, le...

L. S. (le Roi).

Au pied, la signature du
ministre des affaires étrangères.

« au bon ordre public qu'il
« jouisse entièrement du
« droit, des prérogatives et
« des libertés dont sont en
« possession les consuls et
« vice - consuls étrangers,
« transéuntes et sujets de la
« puissance qu'ils servent, je
« déclare que les droits, les
« prérogatives et libertés de-
« vront être seulement gar-
« dées audit sieur N... dans
« tous les cas et les affaires
« du ressort de son emploi,
« et dans les transactions où
« il devrait intervenir et trai-
« ter avec les ministres, con-
« suls et négocians de la na-
« tion... dans lesquelles ne
« pourront se mêler d'aucune
« manière les justices ordi-
« naires; mais il y sera su-
« bordonné dans toutes les
« causes et affaires tant civi-
« les que criminelles qui re-
« gardent sa personne; sans
« qu'il soit exempt aussi des
« charges royales et munici-
« pales auxquelles il est as-
« sujetti comme mon sujet. »
C'est donc dans cette conformité et non autrement, que
je veux qu'il soit admis aux
fonctions et à l'exercice de
son emploi de consul, et qu'on
lui laisse en conséquence percevoir les droits et émolumens qui pourraient lui revenir en sa dite qualité; car
telle est ma volonté. Donné
à Madrid, le....
L. S. (le Roi).
Au pied, la signature du ministre des affaires étrangères.

N° 9

1768. — *Le 2 Janvier.*

CONVENTION entre les deux Cours de France et d'Espagne pour l'intelligence de l'art. XXIV du Pacte de famille et autres points relatifs à la navigation des deux nations, conclue à Madrid, le 2 janvier 1768.

Art. XXIV du Pacte de famille, célébré à Paris, le 15 août 1761. (Pièce n. 7.)

ARTICLE PREMIER.

Afin que la France ne soit pas privée en Espagne des avantages dont jouit le commerce des autres nations, en vertu des traités qui les favorisent, et surtout de celui célébré à Utrecht, entre l'Espagne et l'Angleterre, dans l'année 1713, dans lequel est rappelé celui de l'année 1667, avec les articles explanatoires de l'année 1715, et autres postérieurs qui leurs sont relatifs, tandis que l'esprit du Pacte de famille a été d'améliorer considérablement le commerce des Français et des Espagnols, on est convenu que tous les priviléges, prérogatives et grâces dont jouissent les autres nations, et qui sont contenus et détaillés dans les susdits traités, quoi qu'ils ne soient pas expliqués dans le Pacte de famille, subsisteront en faveur des Français, dans toute leur force et vigueur, tant qu'il ne sera pas fait entre les deux cours un nouveau traité de commerce, comme s'ils avaient été arrêtés directement entre les deux couronnes. La même chose doit s'entendre pour toutes les grâces, distinctions et prérogatives qui seraient accordées dans la suite au commerce des deux nations, dans la supposition qu'on ne refusera pas en France, aux Espagnols, les mêmes prérogatives et toutes celles que cette couronne pourrait accorder, pour quelqu'autre motif, à d'autres puissances.

Traité de commerce et d'amitié entre l'Espagne et l'Angleterre, conclu au congrès d'Utrecht, le 9 décembre 1713, ratifié par S. M. C., à Madrid, le 21 janvier 1714.

« Art. 10 du traité de commerce entre l'Espagne « et l'Angleterre, fait en 1667, et inséré dans « celui d'Utrecht de l'année 1713.

« Les bâtimens de S. M. B. et de ses sujets, se « dirigeant ou entrant dans les domaines du roi

« d'Espagne, ne seront, sous aucun prétexte, vi-
« sités ou fouillés par les officiers, juges de con-
« trebande ni autres; et sous aucune dénomina-
« tion, des soldats ou gens armés n'entreront à
« leur bord. En outre, les officiers des douanes ne
« feront aucune visite auxdits vaisseaux que le
« tout ou la partie de la cargaison, destinée pour
« le port où ils se trouvent, ne soit déchargée. Il
« ne sera point permis de mettre en prison les ca-
« pitaines ou les équipages, ni de les retenir à
« terre, ainsi que leurs chaloupes; il sera cepen-
« dant permis aux administrateurs de la douane
« de faire passer sur lesdits bâtimens quelques
« employés pour leur surveillance; ceux-ci n'ex-
« céderont jamais le nombre de trois, et devront
« s'assurer qu'aucun effet ne soit extrait du bord
« sans payer les droits établis par ces articles. Les-
« dits bâtimens, les équipages, etc., ne seront
« tenus à aucune rétribution envers lesdits em-
« ployés. Quand le maître déclarera que toute sa
« cargaison doit être déchargée dans un port, il
« fera, suivant l'usage, la déclaration des mar-
« chandises à la douane; et celle-ci étant vérifiée,
« s'il se trouvait plus d'effets à bord que ceux ma-
« nifestés, on lui accordera huit jours ouvrables
« (à compter du jour où la décharge aura été
« commencée), pour manifester les effets non
« déclarés et les sauver de la confiscation; mais
« si la déclaration n'était pas faite dans ledit dé-
« lai, ils seront seuls confisqués, quoique la dé-

« charge ne fût pas terminée : les propriétaires du
« vaisseau ou le négociant ne recevront aucune
« humiliation ; et dans le cas où les bâtimens au-
« raient pris une nouvelle cargaison, ils pour-
« ront sortir sans difficulté. »

Art. XI.

« Tout capitaine de vaisseau des deux souverains
« ou de leurs sujets, à son entrée dans une des
« rades de l'allié, ne sera tenu de manifester ni
« de payer des droits que sur la partie de la car-
« gaison destinée, qu'il transporte ou non le reste
« des effets à un autre endroit de l'intérieur ou
« de l'extérieur dudit royaume ; il ne donnera
« point de caution sous aucun titre, pour le sur-
« plus des marchandises qu'il emporterait ; les
« dettes, les cas de félonie et de lèze-majesté,
« comme tout crime capital, sont exceptés de
« cette disposition. »

Art. XIII.

« Il sera permis aux bâtimens des deux puissan-
« ces ou à ceux de leurs sujets, d'ancrer sur les
« côtes de l'autre, sans être obligés d'entrer im-
« médiatement dans le port, et dans le cas où un
« vaisseau fût forcé de relâcher dans un port, soit
« par tempête, soit par crainte d'ennemis ou de
« corsaires, etc., s'il conste n'être point destiné

« pour un port ennemi avec des marchandises de
« contrebaude (ce qu'on ne vérifiera que sur de
« très-forts soupçons), ledit vaisseau pourra mettre
« à la voile quand bon lui semblera, pourvu que
« son chargement soit resté intact dans le port, et
« afin d'empêcher les visites, il suffira, pour con-
« tinuer le voyage sans nul empêchement, qu'il
« présente aux employés du gouvernement les
« documens qui constatent sa destination. »

Art. XVII.

« Aucun effet quelconque ne pourra être saisi.
« Les négocians, les maîtres, les pilotes, ma-
« rins, etc., ne seront arrêtés, ni contraints d'en-
« trer au service d'un desdits souverains, pendant
« le séjour dans leurs ports, sans qu'au préalable
« les deux monarques soient d'accord, ou qu'il n'y
« ait eu consentement des parties, ce qui s'enten-
« dra de manière à ne pas interrompre le cours
« de la justice. »

Art. XVIII.

« Les sujets des deux rois pourront, tant par
« terre que par mer, se servir et porter, sans obli-
« gation de les manifester, des armes défensives et
« offensives , d'après les usages du pays. »

Art. XIX.

« Les sujets d'un des deux monarques qui se

« trouveraient dans un port de son allié, ne de-
« vront, sous aucun prétexte, intenter de procès
« à leurs compatriotes qui s'y trouveraient égale-
« ment ; ils ne pourront aussi rentrer au service
« ni être admis sous la protection du souverain
« allié ; mais s'il survenait entre eux quelques con-
« testations, les consuls respectifs en connaîtront
« exclusivement ; néanmoins, celui qui ne vou-
« drait pas s'en tenir à sa décision, sera libre
« d'appeler de la sentence par-devant les juges or-
« dinaires du pays. »

Art. XXXI.

« Ils pourront se servir des avocats, procureurs,
« notaires, agens, etc, dont ils auraient besoin ;
« ils tiendront leurs livres et la correspondance
« commerciale de la manière et dans la langue
« qu'il leur plaira, sans être obligés de les exhi-
« ber, que dans le cas de preuve nécessaire pour
« éviter ou terminer un procès ; bien entendu que,
« relativement aux livres, tout ce qui est accordé
« sur cet article à une autre nation quelconque
« l'est aussi en leur faveur. »

Art. XXXII.

« En cas de séquestre mis par autorité de justice
« dans les domaines d'un des deux alliés, sur les
« biens d'une personne quelconque, et qu'il fût

« reconnu ensuite que lesdits biens, les dettes ou
« crédits trouvés en mains des criminels, appar-
« tiennent de bonne foi aux peuples ou sujets de
« l'autre, ils ne pourront être confisqués d'aucune
« manière par les tribunaux, mais ils devront être
« rendus en espèce ou en nature à leurs proprié-
« taires légitimes ; dans le cas contraire, on paiera
« à sa juste valeur dans le terme de trois mois à
« compter du séquestre, d'après le contrat passé
« entre les deux parties. »

Art. XXXIII.

« Les biens des sujets d'un des deux souverains
« décédés dans les domaines de son allié, seront
« gardés intacts aux héritiers ou autres successeurs
« par testament ou *ab-intestato*, chacun conser-
« vant son droit ou son action privée. »

Art. XXXIV.

« A la mort *ab-intestato* d'un des sujets alliés,
« réciproquement dans les deux royaumes, le
« consul, ou autre officier public du défunt, fera
« l'inventaire de ses biens, ainsi que de ses papiers,
« écritures, etc. ; il les remettra ensuite entre les
« mains de deux ou trois négocians, afin de les
« tenir à la disposition des propriétaires, des hé-
« ritiers ou créanciers ; aucun tribunal ne pourra
« connaître ni se mêler de la succession du défunt.
« (Voir art. VIII, convention du 13 mars 1769.)

Extrait de l'article IV de la convention entre la France et l'Espagne, du 2 janvier 1768.

Pour ôter toute espèce de difficulté sur la manière d'entendre et exécuter les art. 10 et 11 du Traité d'Utrecht on est convenu que tous navires, soit Français, soit Espagnols, arrivant dans un port de l'une ou de l'autre puissance seront tenus, ainsi qu'il est prescrit par l'art. 10, de donner leur déclaration dans les vingt-quatre heures de leur arrivée. Après cette déclaration, que le vaisseau soit de transit, ou chargé pour le même port, les employés de la douane seront mis à bord, n'excédant pas le nombre de trois; on donnera la permission de décharger, et, à commencer du jour du débarquement, le capitaine aura huit jours, en excluant ceux des fêtes, pour réformer sa déclaration ou redresser les omissions et erreurs qui auraient pu la rendre défectueuse; après lesquels huit jours expirés, les administrations des douanes où employés des fermes auront la faculté de faire la visite une seule fois et pas davantage, laquelle visite se borne à vérifier à bord du bâtiment la déclaration de la cargaison faite à la douane. Dans le cas qu'il y aurait à bord desdits navires quelques marchandises de contrebande, elles devront être déclarées dans les vingt-quatre heures de l'arrivée du bâtiment, sans que par rapport aux marchandises de contrebande la déclaration en puisse être réformée; de sorte que celles qui n'auront pas été déclarées seront confisquées, sans que les capitaines desdits navires puissent profiter pour lesdites marchandises de commerce illicite des huit jours de grâce, accordés pour le reste du chargement : le surplus desdits art. 10 et 11 du Traité d'Utrecht sera exécuté suivant sa forme et teneur.

ART. V

De ladite convention de 1768.

Ayant établi dans l'article précédent la manière dont on devra procéder généralement à la visite de *fondeo* et à la garde des bâtimens, les deux Cours ont jugé à propos de convenir et de déclarer que les règles prescrites par l'art. 10 du Traité d'Utrecht auront seulement lieu pour les bâtimens qui excèdent la portée de cent tonneaux, mais que, quant à ceux dont la portée est moindre de cent tonneaux, ils peuvent être visités après avoir donné le manifeste de leur cargaison, sans qu'on soit obligé d'attendre les huit jours accordés par les autres bâtimens, soit que la décharge ait commencé ou non, ou qu'elle soit entièrement achevée; cependant, pour éviter qu'on n'abuse pas de cette visite arbitraire, il conviendra qu'elle ne soit pas répétée sans qu'il y ait

quelque soupçon bien fondé qu'on a fait introduire quelques effets de contrebande dans ces bâtimens, au-dessous de cent tonneaux ; et si par le
manifeste il conste que la cargaison de ces bâtimens inférieurs consiste en tout ou en partie en
marchandises prohibées ou de contrebande, l'administrateur de la douane pourra exiger que le
capitaine les fasse descendre à terre, afin d'éviter
qu'elles ne soient vendues dans le temps que le
bâtiment restera de relâche dans le port, bien
entendu qu'elles lui seront rendues au moment
de son départ, sans exiger aucun droit de dépôt
ni lui occasionner le moindre faux-frais : en cas
de contrebande, le capitaine, l'équipage et le bâtiment, ainsi que les autres effets de libre commerce, seront traités, quant à la peine, suivant
ce que a été déjà établi dans l'art. 10 du Traité
d'Utrecht, sans qu'il soit fait sur ce point aucune différence entre les deux vaisseaux inférieurs et ceux au-dessus de cent tonneaux,
parce que tous également doivent être compris
indistinctement dans les dispositions portées par
ledit article. Les administrateurs de la douane seront toujours tenus de procéder à tous ces actes,
visites et précautions, d'accord avec le consul,
conformément à ce qui sera réglé dans l'art. VI de
la présente convention, leur présence et intervention étant absolument nécessaires pour éviter
toute espèce de violence et de malentendu, sous
peine de donner pour nulles toutes les procédures

et saisies qu'il sera vérifié avoir été pratiquées et faites sans avoir observé cette formalité précise, à moins qu'on ne prouve que le consul a manqué d'y assister par sa faute, après avoir été dûment averti. Ces règles fixant de part et d'autre la visite arbitraire, on les adoptera également en France pour les bâtimens espagnols de même nature et de même portée.

ART. VI.

Les consuls, vice-consuls, députés, etc., étant les interprêtes de la nation qu'ils représentent, il a été ci-devant décidé qu'ils devraient accompagner les capitaines, maîtres et patrons, dans tout ce qu'ils auront à faire pour le manifeste de marchandises, dépêche des patentes et lettres de mer; comme aussi les ministres de la douane, lorsqu'ils doivent aller à bord des bâtimens pour y pratiquer la visite *de fondeo*: on est en conséquence convenu que l'on observera cette pratique sans restriction ni omission; et qu'en outre aucun juge du pays ne pourra prendre la déclaration du capitaine, patron ou autre que ce soit de l'équipage d'un bâtiment, sans que le consul y soit présent, parce que c'est le seul moyen d'éviter toute espèce de surprise et de désagrément, et d'obtenir que la justice s'administre sans opposition; car il est prescrit par les ordonnances à tous navigateurs d'obéir aux consuls et de les respecter comme leurs supérieurs, le tout conformément à l'art 6 du traité de 1725 ; bien entendu qu'on devra indiquer une heure précise au consul, et que s'il tardait à intervenir lui-même ou à envoyer une personne qui le représente, l'obligation portée par cet article sera censée remplie, puisque ce sera sa faute de n'avoir pas assisté auxdites procédures.

Art. XI.

Les capitaines sont tenus de déclarer de bonne foi les marchandises qu'ils apportent de contrebande, ou celles qui sont prohibées dans le port où ils rentrent ; et il leur sera permis, dès qu'ils auront donné le manifeste de leur chargement, de garder à bord les marchandises prohibées, sous la condition cependant de fournir, lorsqu'ils iront prendre leurs patentes pour leur départ, une pleine satisfaction aux employés des douanes sur l'existence à leur bord des effets prohibés ; et dans le cas que, pour plus grande sûreté, les capitaines ou employés des douanes voulussent les faire mettre à terre. ils pourront l'exécuter en les mettant. par voie de dépôt, à la douane, et les y retenir jusqu'au moment du départ du bâtiment, sans exiger des droits ni causer aucun dommage.

Art. XIV.

Il a été déclaré par une ordonnance de S. M. C., du 17 juillet 1751, adressée à l'intendant de la ma-

fine de Cadix, que toutes les fois que quelque
bâtiment français échouerait dans les plages et
ports de la côte de son royaume, par tempête ou
autre accident, ayant à son bord le tout ou partie
de son équipage, et dans lesquels endroits il y
aurait le consul ou le vice-consul de la même nation, on leur laissât le soin de pratiquer tout ce
qu'ils jugeraient convenable pour sauver le vaisseau, son chargement et appartenances, pour le
magasinage des marchandises, frais et autres cho-
ses qui aient rapport à cet incident, sans que les
ministres, officiers de marine et de terre, et les
justices ordinaires s'en mêlent autrement que
pour faciliter aux consuls, vice-consuls et capitaines des vaisseaux échoués tous les secours et
faveurs qui leur seront demandées pour la célé-
rité et la sûreté du sauvetage de tout ce qui sera
possible; et afin d'éviter les désordres et les vols
qui accompagnent ordinairement ces accidens fâ-
cheux, on est en conséquence convenu qu'on observera à l'avenir, avec les bâtimens français, la
pratique établie par ladite ordonnance du 17 juillet 1751; et afin d'éviter toute espèce de compétence dans les discussions des naufrages, on est
convenu que toutes les fois qu'on aura besoin de
l'intervention du juge pour légalisation de l'inventaire, authenticité des effets naufragés, leur
dépôt ou autres incidens qui pourraient faire soup-
çonner la conduite des capitaines, pilotes et autres conducteurs des vaisseaux échoués, cette ju-

ridiction sera privativement exercée en Espagne par les ministres de la marine, et en France par les juges de l'amirauté, comme il est prescrit dans les ordonnances de la marine des deux couronnes. Les marchandises sauvées des naufrages devront être déposées à la douane avec inventaire, afin que devant être réexportées pour leur destination, elles soient embarquées sans payer aucune espèce de droits d'entrée et de sortie. (*V.* pag. 24, art. 20.)

ART. XIX.

Rien n'est plus préjudiciable au service et au commerce maritime que la désertion des matelots pendant que les vaisseaux sont dans les ports ; on est convenu à cet effet qu'il ne soit point donné d'asile aux matelots qui déserteront des bâtimens, et qu'on ne consentira pas que les matelots qui se retirent avec passeport et conduite des consuls à leurs départemens, prennent parti dans les troupes de terre ; mais au contraire, les gouverneurs, justices, chef militaires de terre et de mer, seront tenus de donner main-forte et secours pour les arrêter et remettre au consul ou aux bâtimens qui les réclameront.

Fait à Madrid, ce 2 janvier 1768.

OSSUN , marquis de Grimaldi.

6.

N° 10.

1769. — *Le 13 Mars.*

Convention entre les cours de France et d'Espagne pour régler les immunités, les prérogatives et les fonctions des consuls respectifs des deux puissances, conclue au Pardo, le 13 mars 1769.

ARTICLE PREMIER.

Les consuls qui seront nommés doivent être admis et reconnus réciproquement, en présentant les provisions ou patentes de leur souverain, et en obtenant l'*exequatur* ou dépêche d'approbation du prince chez qui ils doivent résider. Ils devront présenter les deux susdites dépêches au gouverneur ou justice du pays où ils doivent exercer leurs fonctions, comme on l'a pratiqué ou qu'on a dû le pratiquer jusqu'à présent.

ART. II.

Les consuls étant sujets du prince qui les nomme, jouiront de l'immunité personnelle, sans qu'ils puissent être arrêtés ni traduits en prison, excepté les cas de crime atroce, et celui où les consuls seraient des négocians, puisque pour lors cette immunité personnelle doit seulement s'entendre pour dettes ou autres causes civiles, qui n'impliquent pas crime ou presque crime, ou qui ne proviennent pas du commerce qu'ils exercent par eux-mêmes ou par leurs commis; mais en correspondance, les consuls ne devront pas manquer aux attentions dues aux gouverneurs, magistrats et juges qui représentent le Roi et la justice. Ils seront exempts du logement des gens de guerre, excepté le cas de nécessité absolue, et lorsque toutes les maisons du lieu, sans exception d'aucune, seraient occupées, et ils ne pourront être assujettis à aucune charge et service personnel; il leur sera permis de porter l'épée et la canne comme un ornement extérieur de leurs personnes. Il pourront placer au-dessus de la porte extérieure de leur maison, un tableau sur lequel sera peint un vaisseau, avec une inscription qui dise, *consul de France* ou *consul d'Espagne*; bien entendu que cette marque extérieure ne pourra jamais être interprétée comme un asile, ni capable de soustraire la maison et ceux qui l'habitent aux poursuites de la justice du pays, mais comme un signe pour indiquer uniquement aux matelots et aux nationaux le logement de leur consul. On ne pourra pas toucher, sous quelque prétexte que ce soit, à leur papiers, ni à ceux de leur chancellerie, à moins que le consul ne soit négociant; auquel cas, pour les affaires qui regardent

son commerce, on se comportera avec lui conformément à ce qui a été déterminé dans les traités au sujet des négocians étrangers *transéuntes.*
Et quand la justice du pays aura besoin de prendre quelque déclaration juridique du consul, on
y procédera par la voie du tribunal de la guerre
où il se trouvera, et à défaut par la justice ordinaire ; et le gouverneur ou juge ordinaire sera
tenu de lui envoyer d'avance un compliment de
politesse pour le prévenir de la nécessité dans laquelle on se trouve d'aller chez lui à fin de
prendre quelques déclarations qui intéressent la
police et l'administration de la justice, mais le
consul ne pourra retarder l'exécution desdites
démarches, s'excuser ni prétendre d'en déterminer le jour et l'heure.

Art. III.

En vertu de la faculté qu'ont les consuls de
nommer des vice-consuls pour les différents
ports de leur département, et supposé l'approbation du Souverain territorial, qu'ils devront
solliciter, suivant la formule, après avoir exhibé
ces deux pièces au gouverneur ou justice du lieu
où ils doivent servir, ils seront reconnus pour
vice-consuls. On leur permettra de porter comme aux consuls l'ornement de la canne et de l'épée, et d'exercer les fonctions de vice-consul à
tous ceux que les consuls présenteront dans la

forme susdite, et il leur sera libre de nommer à ces places des naturels du pays conformément à l'ordonnance établie à ce sujet, et à ce qui a été convenu entre les deux Couronnes.

Art. IV.

Les consuls et vice-consuls pourront se transporter à bord des vaisseaux de leur nation, dès qu'ils auront été admis à pratique; questionner les Capitaines d'équipages; vérifier leurs rôles; leur prendre des déclarations sur leur route, destinations et accidens qui leur seraient arrivés à la mer; les accompagner à la douane, chez les ministres et officiers du pays pour leur servir d'agens et d'interprêtes dans les affaires qu'ils ont à suivre et à solliciter. Et, ayant été déterminé que les gens de justice, gardes et officiers de la douane ne pourront jamais se transporter à bord d'aucun bâtiment, sans être accompagnés du consul ou vice-consul, il leur sera particulièrement enjoint de ne pas manquer aux heures marquées ni aux rendez-vous qui leur seront indiqués par la justice et chef de la douane, toutes les fois que ces officiers devront se transporter à bord de quelques vaisseaux, accompagnés du consul ou vice-consul; car s'ils manquaient aux rendez-vous et aux heures indiquées, on ne sera pas tenu de les attendre.

Art. V.

Les consuls ou vice-consuls ne s'ingéreront dans les affaires des vaisseaux de leur nation autrement que pour accommoder, par voie d'arbitrage, les différends qui peuvent survenir entre les capitaines et équipages, relativement au tems de leur service, fret et salaires; et ils ne se mêleront pas autrement, ni d'autre façon des différends entre leurs nationaux *transéuntes*, que lorsque ceux-ci voudront se soumettre volontairement à l'arbitrage du consul ou vice-consul, laissant à chacun d'eux, soit capitaines, matelots ou nationaux *transéuntes*, le droit d'avoir recours à la justice du pays, lorsqu'ils se sentiront préjudiciés ou opprimés par le consul ou vice-consul.

Art. VI.

Ils auront le droit de réclamer les matelots et de dénoncer à la justice du pays les vagabonds *transéuntes* de leur nation, afin qu'on procède contre eux conformément au droit, aux traités et aux ordonnances du Souverain territorial; on leur donnera main-forte pour faire arrêter et garder ces sortes de gens dans les prisons du pays, en pourvoyant à leur subsistance jusqu'à ce que le Gouvernement consente de les leur remettre pour les renvoyer dans leur pays; bien entendu

que les matelots qu'on vérifierait avoir dé-
serté de leurs bâtimens, ou ceux qui se restituent
à leur pays avec passeports et conduite des consuls pour se rendre à leur département, ne pourront être pris ni engagés; mais au contraire, seront rendus sans difficulté à leur bannière, ou au
consul qui les réclamera, à moins qu'ils n'aient
commis quelque crime qui les rendent répréhen-
sibles à la justice du pays où ils seront réclamés.

Art. VII.

(Cet article est le même que celui copié p. 14,
inséré dans la convention du 2 janvier 1768, dans
l'art. XIV.)

Art. VIII.

Les successions des Français *transéuntes* en Espagne, morts avec testament ou *ab-intestato*, seront liquidées par les consuls ou vice-consuls,
aux termes des art. 33 et 34 du traité d'Utrecht.
Le produit en sera remis aux héritiers, soit qu'ils
se trouvent sur les lieux ou absens, sans que le
tribunal de la croisade ou autre juge ecclésiasti-
que puisse se mêler dans de pareilles successions;
cependant, pour vérifier et sauver les droits et
intérêts que pourrait déduire, contre les mêmes
successions, quelque sujet territorial ou d'autre
nation, en qualité de créancier ou autrement, la
juridiction militaire, s'il y en a sur les lieux, et à

son défaut la justice ordinaire, procédera avec l'intervention du consul, et non autrement, à former l'inventaire et à veiller et pourvoir à ce que les effets desdites successions soient mis en dépôt pour la sûreté du droit des parties intéressées, chez un ou plusieurs négocians, du consentement et de la satisfaction du consul, conformément audit article 34. Les consuls ou vice-consuls auront la faculté de vérifier les fonds, effets ou biens quelconques, appartenant de quelque manière que ce soit, à leurs souverains respectifs.

Extrait de l'art. IX de ladite convention de 1769.

Les éclaircissemens convenus, et les droits ou priviléges spécifiés en faveur des consuls ou vice-consuls français et espagnols réciproquement, serviront dorénavant de règle fixe et invariable pour les affaires respectives, sans que l'on puisse citer d'autre pacte ou instrument par rapport aux objets qui sont traités dans les articles précédens.

Au Pardo, ce 13 mars 1769.

Le marquis d'Ossun, le marquis de GRIMALDI.

N° 11.

1770. — *Le 3 Avril.*

———

Livre III, tit. IX. (Novísima recopilacion.)

Loi VII.

Don Charles III. — Décret de S. M. C., communiqué au président
du conseil de Castille le 3 Avril 1770.

Règles qui devront être observées à l'égard des cri-
minels faisant partie de la suite des ambassa-
deurs et ministres étrangers.

———

Afin que la justice puisse agir régulièrement
comme il convient à toute administration bien or-
ganisée, sans manquer pourtant aux prérogatives
des ministres étrangers ni même tomber dans de
graves inconvéniens, on observera les règles suivantes.

Dans quelque circonstance que ce soit où un
domestique d'ambassadeur ou ministre sera surpris en contravention aux lois et aux règles établies pour la sûreté publique, on pourra l'arrêter
et le conduire dans un lieu sûr, jusqu'à ce que

le fait soit examiné; mais on donnera, de suite, avis de cette détention à l'ambassadeur son maître. Si le délit n'est pas grave, le délinquant sera ensuite mis à la disposition de son maître pour qu'il le corrige et le punisse, en le prévenant que s'il est surpris une seconde fois pour un pareil délit, il serait traité selon qu'il est prescrit par les lois.

Si le délit est grave, le domestique de l'ambassadeur perd son immunité et doit être traité comme tout autre sujet; mais pour témoigner au même ambassadeur le respect que l'on a pour sa personne et son caractère, on lui donnera immédiatement connaissance de l'arrestation de son domestique et du délit qu'il pourrait avoir commis, et pour quel motif on ne peut pas le laisser en liberté, en lui envoyant en même temps sa livrée, si le domestique appartient à cette classe.

Il pourra arriver qu'il soit nécessaire d'arrêter et retenir quelque temps en prison le domestique d'un ambassadeur pour quelque délit qu'il aurait pu commettre, lequel délit pourra être obscur ou douteux au commencement. Dans ce cas, on en préviendra sans délai l'ambassadeur, afin qu'il soit instruit de l'arrestation et du motif juste de la détention de son domestique: et par ce moyen on lui donne toute la satisfaction possible dans de pareilles circonstances.

Ces règles, qui en substance sont les mêmes que l'on suit dans les autres capitales de l'Europe, serviront de base aux mesures à adopter envers les domestiques des ministres étrangers, sans manquer au respect dû à la justice ni porter atteinte à la sûreté publique.

Nº 11.

1770. — 3 *Abril.*

F. 55, lib. III, tít. IX de la novísima recopilacion.

LEY VII.

Don Carlos III, por resolucion comunicada en 3 de Abril de 1770, al presidente del consejo.

Reglas que han de observarse con los familia-res delincuentes de los embajadores y ministros extrangeros.

« Para que la justicia tinga sa curso segun corresponde à todo buen gobierno sin faltar á las prerogativas de los ministros extrangeros, ni incurrir en graves inconvenientes, se observarán estas reglas.

En todo suceso ó lance en que algun criado de embajador ó ministro fuere sorprendido, contraviniendo á las leyes y reglas establecidas para la

seguridad pública y buen gobierno, se le podrá
arrestar y conducir à parage seguro hasta la ave-
riguacion del hecho; pero debe darse cuenta de
este aresto sin dilacion al embajador ó ministro
á cuya casa pertenezca el reo. Si el delito no
fuese de los graves, se entregará brevemente el
reo á su amo, informando á este del delito que
hubiere cometido, para que le corija y castigue;
con la advertencia de que si se le aprendiere segunda vez por igual crimen, será tratado como
pide la justicia. Si el delito fuese grave, pierde su
inmunidad el criado del embajador, y debe ser
tratado como cualquiera otro vasallo; pero para
manifestar al mismo embajador el respeto que
se tiene por su persona y carácter, se le dará parte
inmediatamente de la prision de su criado, y del
delito que hubiese cometido, por el cual no se
le puede poner en libertad; restituyendo al pro-
pio tiempo su librea, si el criado fuese de esta
clase.

Podriá ocurrir lance en que sea preciso prender
á un criado de un embajador por delito que haya
cometido, y mantenerlo en la carcel algun tiempo
hasta declarar todo el asunto, que puede tal vez
estar dudoso ú equivoco al principio; y entonces
enviando sin tardanza un recado de atencion al
embajador, para que sepa el arresto, y legitimo
motivo que retarda la soltura del criado, se le dá
toda la satisfaccion que es posible en tales circunstancias.

Bajo estas reglas generalas, que en lo substan-
cial convienen con la práctica de las demas cortes
de Europa, pueden manejarse los lances que
ocurran con criados de los ministros ni causar
perjuicio á la seguridad pública.»

Nº 12.

1774. — *Le 27 Décembre.*

Convention entre les cours de France et d'Espagne, en interprétation de celle signée à Madrid,
le 2 janvier 1768, conclue à Versailles le 27 décembre 1774.

ARTICLE PREMIER.

Aucun navire français ne pourra entrer dans
les ports d'Espagne, ni aucun navire espagnol
dans ceux de France, lorsqu'ils seront chargés,
en tout ou partie, de sel ou de tabac, dont l'entrée est absolument prohibée dans ces ports,
sous peine de confiscation du sel ou du tabac
qui se trouvera à bord, excepté le cas de relàche
forcée.

ART. II.

Les capitaines des navires français et espagnols
qui partiront des ports de France ou d'Espagne,

lorsqu'ils seront chargés de sel ou de tabac, en tout ou en partie, seront obligés, avant de sortir des ports de leur nation, de prendre des passeports, des listes d'équipages et des certificats signés par les ministres de la marine, les officiers de l'amirauté ou autres, à qui la connaissance en appartient, dans lesquels on exprimera la quantité de sel ou de tabac que l'on aura embarquée, le lieu ou parage de sa destination, et le nombre des mariniers; lesquels passeports, listes des équipages, et certificats ne pourront être délivrés lorsque le capitaine et le plus grand nombre de l'équipage ne seront pas de la nation.

Art. III.

Les capitaines des navires français ou espagnols à qui l'on aura délivré les passeports, listes d'équipages et certificats, seront obligés, a leur retour dans le port de leur départ, de présenter des certificats des consuls, vice consuls ou autres officiers de la nation, qui constatent qu'ils ont vendu ou débarqué leur cargaison *dans le port de leur destination.*

Art. IV.

Dans le cas où ils ne vendraient pas la totalité ou partie de leur chargement dans le port de leur destination, ils seront obligés de déclarer au con-

sul ou vice-consul de leur nation, et de lui indiquer le nouveau lieu pour lequel ils les destinent;
et à leur retour, ils présenteront des certificats
du débarquement de la cargaison dans les lieux
de chaque destination.

Art. V.

Les capitaines français ou espagnols qui, après
avoir vendu ou débarqué leur chargement dans
le lieu de sa destination, voudront, avant de retourner dans les ports de leur nation, charger du
sel ou du tabac dans les ports où ils auront débarqué ou dans d'autres, seront également obligés
de prendre, des consuls ou vice-consuls, des certificats qui exprimeront la quantité et la qualité
du nouveau chargement et sa destination. Les capitaines seront obligés de présenter, à leur entrée
dans les ports de leur nation, d'autres certificats
des consuls ou vice-consuls du lieu où se fera le
débarquement; et s'il n'y a point de consuls ou
vice-consuls de la nation dans les lieux où seront
faits ces embarquemens ou débarquemens, les
certificats seront expédiés par les officiers de la
douane.

Art. VI.

Les consuls des nations espagnole et française,
établis à Dunkerque et Ostende, seront obligés

de remettre réciproquement un état des navires des deux nations qui auront chargé dans ces ports du sel ou du tabac, lequel état fera mention de la charge du navire, de son nom, et de celui du capitaine, du nombre de l'équipage, de la quantité de sel ou de tabac qui auront été chargés, et du lieu de la destination, lesquelles formalités seront observées par les consuls ou vice-consuls établis dans la Méditerranée, afin que les deux cours puissent donner aux consuls de leur nation les ordres convenables.

Art. VII.

Toute contrebande d'espèces ou de marchandises absolument prohibées, qui sera trouvée dans tout navire, sans distinction de grandeur, qui sera entré dans les ports des deux nations pour y faire le commerce, sera sujette à la peine de confiscation; et les navires, le reste de la cargaison, les capitaines des équipages qui, par d'autres traités, sont exempts d'autre punition, seront remis à la disposition des consuls ou vice-consuls de la nation dont ils seront, pour être procédé contre eux suivant les ordres qu'ils auront de leur cour.

Art. VIII.

Les employés et officiers des fermes des deux couronnes, chargés d'empêcher l'introduction de la contrebande, auront la faculté d'arrêter toute espèce de petits bâtimens de l'une et de l'autre nation, jusqu'à la contenance de cent tonneaux, qu'ils rencontreront chargés, en tout ou en partie, de quelque contrebande que ce soit, d'espèces ou de marchandises absolument prohibées, à deux lieues de distance au large de la mer, dans le voisinage des ports, dans des embouchures des rivières, des cales et parages des côtes. Ce qui sera de contrebande sera sujet à la peine de confiscation, et les embarcations, avec le reste du chargement, les capitaines et équipages, seront remis, comme il est dit dans l'article précédent, au consul ou vice-consul de la nation dont ils seront, pour être procédé contre eux suivant les ordres qu'ils auront de leur cour.

Art. IX.

Dans les passeports que l'on remettra aux capitaines des deux nations, qui chargeront dans leurs navires du sel et du tabac, on leur défendra de s'écarter de leur route sans autre cause légitime, et si par contravention ils s'approchent des côtes des deux couronnes de manière à faire des débarquemens, soit de bord à bord ou par le moyen de leurs chaloupes, ils seront arrêtés et visités par les barques ou pataches des fermiers, et la contrebande qui s'y trouvera sera confisquée; et à l'égard des navires et équipages, on suivra ce qui

est stipulé dans les articles 7 et 8, et on donnera
une notice formelle de la contravention à l'ambassadeur de la nation respective, afin qu'il fasse
infliger une plus grande peine aux capitaines et
équipages délinquans.

Art. XIV.

Les intendans, directeurs et administrateurs
des fermes, les consuls des deux nations, les chefs
des fermes des deux nations, se communiqueront
les avis qu'ils auront des navires chargés de contrebande, et des personnes adonnées à ce commerce qui passeront d'un royaume à l'autre, et
concerteront les moyens de les arrêter.

Art. XV.

Les capitaines des navires espagnols et français
qui, par relâche forcée, entreront dans une rivière
navigable, ou dans un port d'Espagne ou de
France autre que celui de leur destination, seront
obligés de faire la déclaration de leur chargement. Les officiers de la douane auront le droit
d'entrer à bord jusqu'au nombre de trois, aussitôt après leur arrivée; cependant ils resteront
sur le pont, et se borneront à veiller à ce que
l'on ne sorte du navire d'autres marchandises que
celles que le capitaine sera forcé de vendre pour
payer les vivres dont il aura besoin et les répa-

rations du navire; et les marchandises qui seront débarquées pour cet effet seront sujettes à la visite et au paiement des droits établis.

Art. XVI.

Les chambres des capitaines des navires, leurs coffres et ceux de l'équipage, seront sujets à la visite, ainsi que le contenu des navires, afin que l'on puisse découvrir les marchandises de contrebande.

Art. XVII.

Les capitaines seront obligés de comprendre dans les déclarations du chargement de leurs navires les provisions de l'équipage qu'ils ont sur leur bord.

Art. XVIII.

Dans la déclaration que les capitaines des navires espagnols et français doivent donner de leur chargement, ils ne doivent spécifier que le nombre des balles, paquets, caisses ou tonneaux que contient le navire, en spécifiant la qualité de la marchandise.

Art. XIX.

Quoiqu'il soit réglé qu'il ne pourra être fait qu'une seule visite dans les navires d'un port au-dessous de cent tonneaux, sans qu'il y ait des soupçons fondés que l'on a introduit dans ces navires, depuis la première visite, des marchandises prohibées, on déclare ici que les officiers et employés des fermes pourront faire une seconde visite sans le consentement du consul ou vice-consul ; lesquels cependant, s'ils remarquaient une mauvaise conduite dans lesdits officiers, et qu'ils se sont gouvernés par leur propre volonté et sans motifs fondés, formeraient leurs plaintes, afin qu'il y soit pourvu suivant l'exigeance des cas, et dans ce cas, de la seconde visite, on avertira le consul ou vice-consul, afin qu'il soit instruit qu'on veut procéder à cette seconde visite.

Art. XX.

Dans le cas où il arriverait des naufrages de navires espagnols et français (*v.* p. 28, art. XIV), les officiers de la marine et de l'amirauté, ainsi que ceux de la douane et les gardes des patentes des deux royaumes, seront obligés de donner avis du parage où le naufrage sera arrivé, au consul ou vice-consul de la nation du département respectif, afin qu'ils fassent les fonctions qui leur appartiennent, sans que lesdits officiers puissent s'en mêler, à peine d'être punis. (*v.* p. 28, Art. XIII.)

Art. XXI.

Pour éviter toute discussion sur le temps dans lequel les officiers ou gardes de la douane peuvent se rendre à bord des navires espagnols et français qui arrivent dans les ports de chacune des deux puissances, on déclare qu'ils pourront se rendre à bord à l'instant que les navires arrivent, même avant qu'ils fassent la déclaration de leur chargement, pour laquelle il leur est accordé le terme de vingt-quatre heures.

Fait à Versailles le 27 décembre 1774.

De Vergennes.

Le comte d'Aranda.

N° 13.

1778. — *Le 20 Novembre.*

Livre VI, Titre XI.

Loi VII.

Don Charles III , à San Lorenzo , le 20 Novembre 1778.

Les douaniers sont autorisés à visiter les maisons des négocians étrangers sans la citation ni l'assistance de leurs consuls, dans le cas qu'il y aurait des soupçons fondés de l'existence des objets de contrebande chez eux.

Ayant été instruit de ce qui s'est passé à Cadix au sujet de la visite que les douaniers ont jugé convenable de faire chez un négociant français, j'ai bien voulu déclarer ce qui suit :

Considérant que les consuls et leurs propres hôtels ne jouissent pas des priviléges et exemptions réclamés qui n'appartiennent qu'aux ministres caractérisés par leurs Souverains, les négocians étrangers ne doivent pas prétendre à la jouissance d'autres droits, égards et considérations que ceux accordés à un sujet du Roi, national et honnête, dont le caractère et la réputation se trouveront bien affermis : En conséquence, ils ne seront pas inquiétés par des légers motifs, mais après avoir dressé une information sommaire *semi-plena* (semi-pleine), ou bien dans les cas de soupçons véhémens et bien fondés, sans que pour lors la citation ou la présence de leurs consuls soient nécessaires (6).

---

(6) Les négocians étrangers ayant voulu soutenir qu'en conformité aux traités et à la pratique établie, leurs maisons ne devaient pas être visitées par les douaniers sans la citation préalable de leurs consuls et sans leur assistance, il a été ordonné, par résolution royale, en date du 22 août 1780, qu'on observerait ponctuellement cet ordre royal du 20 novembre 1778. Les douaniers étant autorisés en conséquence à visiter les maisons et les boutiques des négocians étrangers sans l'assistance de leurs consuls, si toutefois l'information semi-pleine avait été dressée, ou s'ils avaient des soupçons véhémens et fondés de l'existence des objets de contrebande chez eux.

Nº 13.

1778. — 20 *de Noviembre.*

F. 170, lib. IV, tít. XI de la novisima recopilación.

LEY VII.

Don Carlos III , en San Lorenzo, por real orden de 20 de Noviembre
de 1778.

*Registro de las casas de los comerciantes extran-
trangeros, por los dependientes de Rentas, sin citacion ni asistencia de su consul en los casos de
fundada sospecha de contrabando.*

«Enterado de lo ocurrido en Cadiz con motivo
al registro que los dependientes de rentas creye-
ron preciso hacer en la casa de un comerciante
frances me he servido declarar, que así como los
consules sus propias casas no gozan de aquellos
privilegios y exenciones que solo corresponden á
los ministros caracterizados por los soberanos,
así los comerciantes extrangeros no tienen derecho mas que á ser tratados con los mismos mira-
mientos y consideracion que se debe á un vasallo

del rey, nacional honrado, cuyo carácter y repu
tacion estan bien establecidos; de suerte que no
se le moleste por ligeros motivos, sino precediendo
una informacion semiplena, ó en aquellos casos de
vehemente y fundada sospecha, sin que sea nece-
saria la citacion de su consul para que asista (6).

---

(6) Por real resolucion comunicada en órden de 22 de
agosto de 1780. Con motivo de haberse querido sostener,
que conforme á los tratados y á la práctica recibida, no de-
bian registrarse las casas de los comerciantes extrangeros
por los dependientes de rentas, sin previa citacion y asistencia de su respectivo consul, se mandó que se observe pun-
tualmente esta real órden de 20 de noviembre de 1777,
procediendo en su consecuencia dichos dependientes á los
registros de las casas y tiendas de comerciantes extrangeros
sin citacion ni asistencia de su consul, siempre que haya
informacion semiplena ó vehemente y fundada de sospecha de contrabando en ellas.

N° 14.

1786. — *Le 24 Décembre.*

Convention entre les Cours de France et d'Espagne, pour modifier et révoquer quelques-unes des stipulations contenues dans les conventions précédentes, faites entre elles relativement au commerce, et y en ajouter des nouvelles. Conclue à Madrid le 24 décembre 1786.

Article Premier.

Tous les articles de cette convention seront réciproques.

Art. II.

Toute contrebande en sel, tabac et généralement en marchandises prohibées sans aucune exception, chargées dans les navires qui se trouvent dans les ports respectifs, sera sujette à confiscation, si elle n'a pas été déclarée dans le terme prescrit par l'art. 4 de la convention du 2 janvier 1768. Le bâtiment et le surplus de la cargaison ne seront ni saisis, ni arrêtés, et le capitaine, les officiers et l'équipage ne seront ni punis, ni molestés en aucune manière, mais le tout remis à la disposition des consuls ou vice-consuls de la nation des bâtimens et capitaines, pour être procédé contre eux suivant les ordres de leur Cour, qui fera part de la punition des délinquans ou des mesures prises pour empêcher la continuation de leurs délits en cas semblables, observant que, dans le cas de récidive, la Cour qui devra faire punir les coupables augmentera les peines et en donnera communication à l'autre Cour. Tout ce qui est annoncé au présent article s'entendra de la contrebande faite dans les ports de chargement où il y a des bureaux de douane, dans lesquels ports les navires des deux nations seront entrés pour faire le commerce, ayant leurs passeports et papiers de mer en bonne et due forme.

ART. III.

L'or et l'argent qui se trouveront en monnaie d'Espagne à bord d'un bâtiment français dans les ports d'Espagne ne seront sujets à aucune confiscation, lorsqu'ils seront accompagnés d'un certificat du consul espagnol, établi dans un port de France ou dans un port d'une autre nation, qui attestera que ledit or ou argent, en monnaie d'Espagne, a été réellement chargé dans ledit port ou lorsqu'il y a aura à bord une *guia* qui constatera que l'extraction en a été faite légitimement des ports d'Espagne ; et dans le cas où on découvrirait des falsifications dans les *guias* ou certificats, ou lorsqu'on aura outrepassé le temps qui y aura été fixé, on procédera à la confiscation et au châtiment des délinquans, en prenant auparavant les mesures nécessaires pour la preuve et la vérification du délit, sans détenir pour cela le navire, le capitaine, l'équipage et le restant de la cargaison; bien entendu que les sommes d'or et d'argent ainsi certifiées ou accompagnées des *guias*, comme il a été dit, seront déclarées dans les termes convenus par les traités et conventions, sous peine de confiscation.

Art. IV.

Quant aux bâtimens venant directement des colonies françaises de l'Amérique ou des Indes dans un des ports d'Espagne, dans le cas d'une relâche forcée, avec de l'or ou de l'argent espagnol, les capitaines devront en faire la déclaration à leur arrivée dans ledit port; et prendront à leur départ une *guia* de la douane, sans payer pour ladite *guia* ni pour ledit argent ou or aucuns droits. Quant aux venant de l'Amérique ou des Indes espagnoles avec de l'or ou de l'argent espagnol, dans le cas d'une permission extraordinaire, les capitaines devront porter avec eux le registre dudit or ou argent.

Art. V.

« La confiscation de l'or et de l'argent n'entraî-
nera jamais celle du bâtiment, ni du surplus de
la cargaison, ni la punition du capitaine, des officiers et de l'équipage ; mais ledit bâtiment avec
le surplus de la cargaison, sans avoir été ni arrêté,
ni saisi, et ledit capitaine, lesdits officiers et équipage, sans avoir été molestés en aucune manière,
seront remis aux consuls ou vice-consuls de leur
nation, conformément à l'art. 2 de cette convention; observant que, dans le cas de récidive, la
Cour qui devra faire punir les coupables augmentera les peines et en donnera communication
à l'autre Cour. Tout ce qui est annoncé au présent article n'aura lieu que dans le ports de chargement ou déchargement, et dans lesquels il y a
des bureaux de douane.

Art. VI.

« A l'égard de la contrebande que tenteraient de
faire des bâtimens près les côtes et embouchures
de rivières, dans les cales, anses et baies autres
que les ports destinés et appropriés au commerce,
si un bâtiment est surpris en jetant ou ayant jeté
l'ancre dans lesdites côtes, cales, anses ou baies
(sauf le cas de relâche forcée, pourvu qu'il n'y
ait pas de preuves que ce soit un prétexte, et dans

lequel cas le capitaine devra faire avertir les employés des douanes les plus voisins, en leur déclarant les marchandises de contrebande qu'il a à bord, et lesdits employés se conduire à son égard comme il est expliqué dans l'art. 10 de cette convention), ledit bâtiment sera visité par les employés des douanes; et s'ils y trouvent de la contrebande, elle sera saisie et confisquée, et le capitaine, l'équipage, et le reste de la cargaison et le bâtiment seront jugés selon la loi de chaque pays, comme les nationaux qui auraient été surpris dans des barques ou canots, faisant la contrebande dans lesdites côtes, cales, anses ou baies, quoique le bâtiment ne soit pas à l'ancre, et il en sera usé à l'égard de ceux qui seront saisis dans les barques ou canots ainsi qu'il vient d'être dit dans ce même article.

Art. VII.

Les administrateurs des douanes peuvent exiger que les articles déclarés de contrebande, et même ceux déclarés de transit, si l'on soupçonne qu'ils contiennent des marchandises prohibées, seront manifestés au départ, dans le même état où ils étaient à l'époque de la visite, et même qu'ils soient déposés dans un magasin à deux serrures différentes, dont une clé sera dans les mains de l'administrateur et l'autre dans celle du capitaine, pour être, lesdits articles, rendus et rembarqués sans frais ni droits.

Art. VIII.

Dans la déclaration que les capitaines des navires espagnols ou français doivent donner de leur chargement, ils doivent spécifier le nombre des balles, caisses, paquets ou tonneaux que contient le navire; mais, comme il se peut qu'ils ignorent ce qui est renfermé dans lesdites balles, caisses, paquets ou tonneaux, ils énonceront, en gros, la qualité de ceux qu'ils ne connaîtront pas.

Art. IX.

Les capitaines seront obligés de comprendre dans la déclaration du chargement de leurs navires le tabac nécessaire à leur consommation et à celle de l'équipage; si la quantité en paraît trop forte, on pourra exiger que le surplus de ce qui sera jugé nécessaire à ladite consommation soit mis en dépôt à terre pour leur être rendu à leur départ sans frais ni droits.

Art. X.

Les capitaines de navires français et espagnols qui, par relâche forcée, entreront dans une rivière navigable ou dans un port de France ou d'Espagne autre que celui de leur destination, seront obligés de faire la déclaration de leur char-

gement. Les officiers de la douane auront le droit
d'entrer à bord jusqu'au nombre de trois, aussitôt après leur arrivée; cependant ils resteront sur
le pont et se borneront à veiller à ce que l'on ne
sorte du navire d'autres marchandises que celles
que le capitaine sera forcé de vendre pour payer
les vivres dont il aura besoin, et les réparations
du navire; et les marchandises qui seront débarquées pour tel effet, seront sujettes à la visite et
au paiement des droits établis.

Art. XI.

La visite des navires se fera conformément aux
rt IV, V et VI de la Convention de 1768. Les
chambres des capitaines, leurs coffres et celle de
l'équipage pourront être visités afin que l'on
puisse découvrir les marchandises de contrebande,
mais les effets et hardes à leur usage ne pourront
être sujets à confiscation.

Art. XII.

Pour éviter toute discussion sur le temps dans
lequel les officiers ou gardes de la douane peuvent,
conformément à la disposition des art. IV, V et
VI de la Convention de 1768, se rendre à bord
des navires français et espagnols qui arrivent dans
les ports de chacune des deux puissances, on déclare qu'ils pourront se rendre à bord, à l'instant

que les navires arrivent, même avant qu'ils fassent la déclaration de leur chargement, pour laquelle il leur est accordé le terme de vingt-quatre heures, en se conformant, pour le surplus, aux dispositions des art. IV, V et VI de la Convention de 1768.

Art. XIII.

Dans le cas où il arriverait des naufrages, etc... (Voyez l'art. XX de la Convention de 1774, cet article étant le même que celui cité.)

Art. XIV.

Lorsque les sujets espagnols passeront d'Espagne en France, ils ne seront pas molestés, à leur entrée en France, pour l'argent et espèces quelconques, effets, hardes, bijoux de leur usage, pour lesquels ils ne paieront aucun droit. Ils ne seront pas non plus inquiétés pour les armes défendues et autres effets prohibés qu'on trouverait sur leurs personnes, dont on se contentera d'empêcher l'introduction, en leur laissant la liberté de les renvoyer. Il en sera usé de même à l'égard des sujets français, passant de France en Espagne.

Art. XXIV.

La présente Convention sera imprimée, publiée et enregistrée dans les conseils et tribunaux respectifs et compétens des deux royaumes. Celle de 1768 sera également imprimée, publiée et enregistrée dans les mêmes conseils et tribunaux, et subsistera pour tous les points auxquels il n'est pas dérogé dans celle-ci. Celle de 1774, quant aux formalités des passeports et certificats énoncés dans les articles II, III, IV, V, VI et IX; et quant aux manifestes, visites, confiscations de monnaie, effets et marchandises prohibées et punition des contrebandiers énoncés dans les articles I, VII, VIII, IX, X, XII, XIII, XIV, XVII, XVIII, XIX et XXI, sera précisément réduite aux termes, règles et modifications exprimés dans la présente Convention. Quant aux autres points de ladite Convention de 1774, qui ne concernent pas lesdites formalités, manifestes, visites, confiscations de monnaie, effets et marchandises prohibés et punition des contrebandiers, ils subsisteront autant qu'ils ne seront pas contraires à ce qui est expressément déclaré, amplié ou modifié par la présente Convention.

Madrid le 24 décembre 1786.

Le Duc de Vauguyon.

Le Comte de Floridablanca.

N° 15.

1791. — *Le 12 Juillet.*

Livre VI, titre XI.

Loi VIII.

Don Charles IV, en vertu de son ordre royal du 12 juillet 1791 et la cédule du Conseil du même mois.

Formation de matricules des étrangers résidant dans ce royaume avec distinction de *transéuntes* et domiciliés.

Considérant qu'il convient, pour la plus exacte exécution des lois de ce royaume, et pour le bien-être et la tranquillité de l'État, que l'on soit instruit positivement et sans *tergiversation* de la condition des étrangers qui y sont établis, en distinguant les *transéuntes* de ceux domiciliés, afin qu'on soit à même de garder aux uns et aux autres les priviléges et concessions qui leur sont accordés, soit par les traités arrêtés avec diverses puissances, ainsi que par les lois espagnoles, il a été ordonné plusieurs fois que les susdits étrangers *transéuntes* soient immatriculés, les lois de ce royaume (loi III) ayant déclaré ceux qui doivent être considérés comme naturels ou domiciliés. Mais étant instruit que, quoique lesdites matricules aient été faites par ordre de la Junte d'étrangers incorporée avec celle de commerce (7), elles n'ont cependant pas été exactement formées, et qu'il existe encore des endroits où elles n'ont point été établies, et que parmi la plupart, les étrangers veulent jouir à la fois des priviléges de *transéuntes* et de ceux de domiciliés ; afin d'éclaircir ces points et de prévenir les conséquences fâcheuses qui résultent et qui peuvent résulter d'une pareille confusion, ordonnons que le contenu des points suivans soit strictement observé :

1° Qu'en commençant par Madrid l'on examine si les matricules des étrangers sont exécutées avec distinction de *transéuntes* et de domiciliés, en y spécifiant la profession de chacun d'eux résidant dans mes royaumes, et surtout à l'égard de ceux établis dans la capitale ; et les commissaires des quartiers vérifieront dans leurs quartiers respec-

____

(7) Par le décret royal du 21 décembre 1748, adressé à la junte générale de commerce et de monnaie, S. M. voulut bien ajouter aux attributions de cette junte celles de l'assemblée, qui jusqu'alors avait eu connaissance des affaires des Etrangers. (Voir la loi VIII, titre 1, livre IX.)

tifs si dans les rôles, les registres ou les matricules qu'ils ont dû faire, les étrangers et leurs familles existant dans leurs arrondissemens se trouvent spécifiés par leurs noms, leur patrie, leur religion, leur profession ou occupation, et l'objet de leur séjour dans la capitale, et aussi s'ils ont déclaré et signé si leur volonté est d'y rester en qualité de domiciliés et comme mes sujets ou en qualité de *transéuntes*. Et si toutefois les matricules ne sont pas exécutées d'après les formalités ci-dessus énoncées, elles seront renouvelées et rectifiées sur-le-champ en conformité de ce qui vient d'être dit. A mesure que lesdits rôles seront rectifiés, mon conseil me fera connaître en résumé le nombre d'étrangers qu'il y aura dans chaque arrondissement, avec distinction de *domiciliés* et de *transéuntes*, les nations auxquelles ils appartiennent, leurs professions et le motif de leur séjour dans la capitale, sans attendre que tout le travail soit fini.

2° Conformément au point précédent, celui-ci a pour objet de régler le mode d'agir avec chacun des étrangers, selon leur différente qualité de domiciliés ou de *transéuntes*; car les domiciliés devront être catholiques et prêter serment de fidélité à la religion et à ma souveraineté pardevant mes justices, en renonçant à toute espèce de for d'étrangers et à toute relation, union et dépendance du pays où ils sont nés, en promettant de ne pas réclamer sa protection ni celle des ambassadeurs, ministres, consuls, le tout sous les peines de galères ou l'expulsion de ces royaumes et confiscation de leurs biens, suivant la qualité des personnes et la nature de la contravention(8); et il sera notifié aux étrangers *transéuntes* qu'il leur est défendu de séjourner dans la capitale sans en avoir préalablement obtenu une permission expresse, expédiée par le secrétariat des affaires étrangères, dans le délai qui leur sera prescrit; et à l'égard de ces permissions, on examinera le motif et la qualité des personnes, les délais accordés devant être aussi courts que possible, proportionnés néanmoins aux besoins des affaires. Pour ceux qui se déclareront *transéuntes*, il leur sera aussi notifié qu'il leur est défendu d'exercer, dans mes royaumes, les arts libéraux ni aucun métier mécanique, sans se domicilier; et que, par conséquence, ils ne peuvent pas être marchands en détail, tailleurs, modistes, coiffeurs, cordonniers, médecins, chirurgiens, architectes, etc., à moins qu'ils y soient

---

(8) Dans la dixième déclaration faite par le Conseil, le 31 août 1701, au sujet de différens points de cette instruction, il est prévenu qu'avant de procéder à l'imposition de ces peines, les formalités prescrites par les lois, telles que les preuves, connaissance de cause, etc., doivent être observées; et les justices ordinaires seront tenues de consulter à ce sujet les tribunaux supérieurs du territoire, avant que d'exécuter leurs sentences : le tout conforme aux lois du royaume.

autorisés par ma permission expresse : en ajoutant qu'il leur est aussi défendu d'être domestiques ou commis de quelqu'un de mes sujets, dans mes royaumes. Il sera accordé quinze jours de terme pour sortir de cette capitale, et deux mois pour sortir du royaume, aux étrangers compris dans lesdites qualifications, si, toutefois, dans ledit délai de quinze jours, ils ne consentent pas à renoncer au for d'étranger, à se domicilier et à prêter le serment déjà expliqué et sous les peines y mentionnées (9).

3° *Ordonnons également qu'il soit procédé à la régularisation de l'entrée* des étrangers dans ce royaume et dans la capitale, en y laissant néanmoins, en toute leur force et vigueur, les traités qui devront subsister avec les puissances étrangères à l'égard du commerce et des affaires de leurs sujets dans mes royaumes. Et à ce sujet,

---

(9) Dans la huitième déclaration du même Conseil de Castille, on prévient que, seront aussi tenus de prêter le serment comme *transéuntes*, ceux auxquels on le prescrira ainsi par des dispositions particulières du Gouvernement ; et de même ceux qui entreront dans le royaume sous prétexte d'asile, refuge ou protection, ou tout autre de cette nature si toutefois ces personnes ne se trouvent pas comprises dans les traités arrêtés pour raison de commerce ou autres affaires, surtout si ces individus ne voyagent pas sur les grandes routes allant en droiture vers les ports et places de commerce.

l'on examinera les permis et les passeports avec lesquels ils arriveront aux ports et places de commerce, et on leur défendra l'entrée par d'autres voies sans ma permission expresse, en agissant de même à l'égard de ceux qui se rendront dans la capitale. Les vice-rois, les capitaines-généraux et les gouverneurs des frontières devant prescrire aux étrangers qui entreront, sous prétexte de refuge, asile ou hospitalité, ou tout autre motif, les routes et les lieux de l'intérieur où devront se présenter ceux qui mériteront d'obtenir lesdits permis : et en attendant, ils prêteront le serment de soumission et obéissance à nous et aux lois du pays, sous les peines spécifiées au second point, s'ils suivaient d'autres routes ou employaient d'autres moyens.

Nº 15.

1791. — 12 de Julio.

F. 170, lib. vi, tít. xi de la novísima recopilacion.

Ley VIII.

Don Carlos IV, por real resolucion y orden de 12 de Julio de 1791, y cédula del consejo de 20 del mismo mes.

Formacion de matrículas de extrangeros residentes en estos reinos con distincion de transeuntes y domiciliados.

« Conviniendo para la mas exacta ejecucion de las leyes de estos reinos, y para el bien y tranquilidad del estado, que se averigue con claridad y sin tergiversacion la calidad de los extrangeros que haya en ellos, distinguiendo los transeuntes de los domiciliados, para que se guarden á unos y á otros los fueros y concesiones que comprenden así los tratados hechos con las diferentes potencias como las leyes españolas, está mandado á este fin repetidamente que se matriculen tales extrangeros transeuntes, y se declara en las leyes y antos acordados los que se han de considerar por naturales ó avecindados en estos reinos (ley iii); pero aunque se han practicado las matrículas en algunas partes de orden de la junta de extrangeros incorporada

en la de comercio (7), se sabe que no han sido
exactas ni se han formado en todos los pueblos en
que los hay, como tambien que muchos ó los mas
quieren usar promiscuamente de los privilegios
de transeuntes y de los de avecindados. Para acla-
rar é impedir las fatales consecuencias que resul-
tan y pueden resultar de su confusion he resuelto
se ejecute y observe lo que contienen los puntos
siguientes.

1. Que empezando por Madrid se vea si estan
ejecutadas las matriculas de extrangeros con distincion de transeuntes y domiciliados, explicando
los objetos y destino de cada uno de ellos en estos
mis reinos y particularmente en la corte, verifi-
candose por medio de los alcaldes de cuartel y de
sus respectivos barrios, si en las listas, registros
ó matriculas que han debido hacer estan especificados todos los extrangeros y sus familias existentes en su distrito con sus nombres, patria,
religion, oficio ó destino y el objeto de permanecer en la corte; como tambien si han declarado
y firmado ser su animo permanecer como avecindados y subditos mios, ó como transeuntes; y en

---

(7) Por real decreto de 21 de diciembre de 1748, diri-
gido á la junta general de comercio y moneda, se sirvió
S. M. agregar á esta la suprimida que habia entendido hasta
entonces en las dependencias de extrangeros. (Véase la ley
VIII, título 1, libro IX.)

caso de que no se hallen ejecutadas las matriculas, con todas las expresadas particularidades, se
renovarán y rectificarán inmediatamente con
puntual expecificacion de todas ellas; y el mi
consejo, conforme se vayan ejecutando, me dará
cuenta en resumen del numero de extrangeros
que haya en cada barrio con distincion de avecindados y transeuntes, de las naciones de que son,
sus oficios y motivos de resider en la coste, sin
esperar á que toda la operacion se halle concluida.

2. Consiguiente al punto antecedente se dirige
este á arreglar el modo de gobernarse con cada
uno de los extrangeros, segun sus diferentes cali-
dades de avecindados ó transeuntes; pues los avecindados deberán ser católicos, y hacer juramento
de fidelidad á la religion y á mi soberania ante mi
justicia, renunciando á todo fuero de extrangeria,
y á toda relacion, union y dependencia del pais
en que hayan nacido, y prometiendo no usar de
la proteccion de él, ni de sus embajadores, ministros ó consules; todo bajo las penas de galeras,
presidio ó expulsion absoluta de estos reinos; y
confiscacion de sus bienes segun la calidad de las
personas y de la contravencion (8); y los extran-

---

(8) En la declaracion 10 de las hechas por el Consejo,
en 31 de agosto de 1791, sobre varios puntos de esta instruccion, se previene, que para proceder á la imposicion

geros transeuntes serán notificados de no permanecer en la corte sin licencia, que deberán obtener por la secretaria de estado dentro del termino que se les señale; lo que será segun el motivo y calidad de las personas, aunque reduciendolas á terminos breves proporcionados à la necesidad, y perentorios. Tambien deberá notificarse á los que se declaren transeuntes, que no pueden ejercer las artes liberades, ni oficios mecanicos en estos mis reinos sin avencindarse; y por consecuencia no pueden ser mercaderes de vara, ni vendedores pormenor de cosa alguna, sastres, modistas, peluqueros, zapateros, ni medicos, cirujanos arquitectos, etc., á menos que preceda licencia ó mandato expreso mio; comprendiendose en esta prohibicion la de ser criados y dependientes de vasallos y subditos mios en estos dominos. A las personas de tales oficios y destinos se les dará quince dias de termino para fuera salir de mis reinos, ó habrán de renunciar en el mismo termino de quince dias el fuero de extraugeria, avecindarse y hacer el juramento que va explicado, con sujecion á las penas mencionadas (9).

---

de penas, se ha de obrar judicialmente y con las pruebas y conocimiento de causa que previenen las leyes; consultando las justicias ordinarias á los tribunales superiores del territorio, como las mismas leyes mandan, antes de la ejecucion de sus sentencias.

(9)En la declaracion VIII de las citadas en la anterior nota,

3. Y ultimamente mando, se arregle la entrada de extrangeros en estos mis reinos y en la corte; pues dejando con su fuerza los tratados que deban subsistir en las potencias extrangeras para los tráficos y negocios de sus respectivos subditos en estos mis reinos, se examinarán las licencias y pasaportes con que vengan algunos á los puertos y plazas de comercio, y se impedirá la entrada por otras partes sin expresa licencia mia; y lo mismo se hará para venir á la corte, señalando los vireyes, capitanes generales y gobernadorse de las fronteras para los extrangeros que vengan con pretexto de refugio, asilo, hospitalidad ú otro las rutas ó pueblos interiores en que se hayan de presentar los que dieren motivos justos para obtener licencias, donde esperarán la concession ó denegacion de estas; jurando entretanto la sumision y obediencia á mi y á las leyes del pais, con apercibimiento de iguales penas á las que van especificadas en el segundo punto, si usaren de otras rutas ó medios. »

---

se previene, que tambien deben jurar como *transéuntes* los demas á quienes se mande hacerlo por particulares resoluciones de la superioridad, y los que entraren en el reino con pretexto de buscar asilo, refugio ó proteccion, ú otro de esta naturaleza, que no sea de los contenidos en los tratados por razon de comercio ú intereses, especialmente si no usaren de los caminos y rutas generales dirigidas á los puertos y plazas de comercio.

Nº 16.

1791. — *Le 21 Juillet.*

Livre vi, titre xi.

Loi IX.

Don Charles IV, par instruction du 21 Juillet 1791.

Règles qui devront être observées par les justices
pour l'exécution de ce qui a été prescrit dans
la loi précédente.

1º Il sera procédé à l'exécution de la cédule antérieure, sans nul délai, excuse ni prétexte, dans
les villes des provinces où il y a des chancelleries
et des audiences, et où par conséquent il existe
des distributions de quartiers et des *alcaldes de
barrio* (commissaires de quartier). Les juges criminels, chacun dans leur arrondissement, procéderont, en conformité de ce qui a été prescrit dans
le premier point de la même cédule, à l'examen,
pour savoir si dans les rôles, registres ou matricules qui ont dû être faits, se trouvent spécifiés
tous les étrangers et leurs familles, existant dans

leur district, avec leurs noms, leur patrie, leur religion, leur métier ou emploi, et le motif de résidence dans cette ville; et de même, s'ils ont déclaré et signé que leur volonté était d'y rester comme domiciliés et sujets de S. M. C., ou en qualité de *transéuntes*. Et si toutefois les matricules des Étrangers ne sont pas exécutées avec toutes les circonstances exprimées, elles seront en conséquence refaites et rectifiées sur le-champ.

2° Dans les villes où il y aura des commissaires de quartier et où il n'y aura pas de tribunaux, le *corrégidor*, le maire, par l'entremise des commissaires, fera la même opération, et avec la même préparation et exactitude; mais comme il est possible que dans ces villes lesdites matricules ne se trouvent pas faites avec l'ordre et précision qu'elles doivent l'être à présent, elles seront refaites par quartiers, en spécifiant tous les étrangers et leurs familles y existantes, leurs noms, leur patrie, leur religion, leur métier ou emploi, et l'objet de leur séjour dans ce lieu.

3° Cet ordre sera de même exécuté par les *corrégidors* et justices des autres villes et villages de ce royaume (où il n'y aura pas de divisions de quartiers ni de commissaires), d'après la méthode en usage pour découvrir la totalité des habitans, en employant à ce sujet les greffiers ou les *alguázils* de leur district et autres personnes de leur confiance, et tous seront tenus de les aider dans cette opération.

4° Les matricules étant ainsi rédigées, les étrangers des deux sexes qui auront été immatriculés, déclareront formellement leur volonté de rester ou non, en qualité de domiciliés et de sujets du roi notre seigneur, et ils le signeront ainsi.

5° Les Etrangers actuellement domiciliés, ou qui voudront l'être, devront être catholiques, et tous également devront prêter, par devant leurs justices respectives, le serment d'après la forme suivante :

« Je jure d'obéir à la religion catholique et de
« lui garder fidélité, ainsi qu'au roi notre seigneur;
« je veux être son sujet en m'assujettissant aux
« lois, us et coutumes de ces royaumes, en renon-
« çant au for d'étrangers, et à toute relation, union
« et dépendance du pays où je suis né (10); et je
« promets de ne pas me servir de sa protection,
« ni de celle de son ambassadeur, son ministre ou
« ses consuls : le tout sous les peines de galères,
« ou l'expulsion absolue de ces royaumes et con-
« fiscation de mes biens, suivant la qualité des
« personnes et de la contravention. »

---

(10) S. M. a bien voulu déclarer par la voie de son Conseil, en date du 1ᵉʳ août 1791, pour éviter des malentendus, que l'on fît comprendre aux Etrangers qui se prêteraient au susdit serment ou qui le refuseraient, qu'en renonçant à toute relation, union et dépendance du pays où ils sont nés, on n'entend seulement parler que des matières politiques et civiles, mais nullement de leurs affaires domestiques concernant leurs biens, leur commerce et famille.

Le serment ainsi transcrit, ce qui pourra avoir lieu à la suite de la déclaration qui doit précéder en vertu du point précédent, l'ensemble de ces pièces sera déposé aux archives de la Mairie du lieu, pour y avoir recours en cas de besoin.

6° Il sera aussi notifié à ceux qui se déclareront *transéuntes*, qu'il leur est défendu d'exercer dans ces royaumes, sans se domicilier, les arts libéraux, ni les métiers mécaniques; et par conséquent ils ne peuvent pas être marchands en détail, tailleurs, modistes, coiffeurs, cordonniers, médecins, chirurgiens, architectes, etc., sans une permission préalable de S.M.; étant comprise dans ces restrictions la défense d'être domestique et commis des sujets du roi dans ces domaines.

7° Il sera accordé quinze jours de terme pour sortir de la capitale, et deux mois pour sortir du royaume, aux personnes comprises dans les qualifications de l'article précédent, si toutefois dans ledit délai de quinze jours ils ne consentent pas à renoncer au for d'étrangers, à se domicilier et à prêter le serment mentionné à l'art. V (11), et

---

(11) S. M., par son ordre royal du 21 août 1791, communiqué par une circulaire du 25 du même mois, voulut bien déclarer que son intention royale ni ses ordres n'avaient eu pour objet d'exiger généralement un serment de tous. Qu'il avait été ordonné aux Etrangers suspects qui venaient s'établir dans ces royaumes, et surtout à la Capitale, d'en sortir ou de se prêter au serment des *transéuntes*, principale-

sous les peines y déterminées ; et les étrangers qui se déclareront *transéuntes* et qui n'exerceront pas les métiers ou emplois indiqués dans l'article précédent, seront avertis de ne pas venir ni séjourner dans la capitale sans une permission qu'ils devront obtenir par le ministère des affaires étrangères, dans le délai de quinze jours ; et si dans ce delai ils ne l'ont pas obtenue, ils seront obligés de sortir du royaume.

8° Pour ce qui concerne l'entrée des étrangers, tout en laissant en vigueur, tel qu'il est ordonné par la susdite cédule royale, les traités qui devront subsister avec les puissances étrangères, à l'égard des affaires de commerce de leurs sujets respectifs dans ces royaumes, on examinera les permis et les passeports de ceux qui viendront aux ports et aux places de commerce, et on en empêchera l'entrée par tout autre lieu sans une permission royale expresse, en agissant de même avec ceux qui viendront à la capitale. Et les vice-rois, les capitaines - généraux et gouverneurs des frontières désigneront aux étrangers qui arrive-

---

ment quand leur commerce ou leurs affaires étaient inconnus, ou les soupçons très-véhémens à leur égard ; que ce serment n'était pas de fidélité ni de vasselage, mais simplement d'obéissance et soumission au souverain et aux lois de police du pays, et de ne pas avoir de correspondance par laquelle ils pourraient conspirer ou troubler la tranquillité publique.

ront sous prétexte de refuge, asile, hospitalité ou tout autre motif, les routes et les lieux de l'intérieur où devront se rendre ceux qui manifesteraient de justes motifs pour obtenir leur permis, et ils attendront là la concession ou refus d'iceux; et en attendant, ils prêteront le serment de soumission et obéissance au roi et aux lois du pays, sous les peines spécifiées au point 2ᵉ de la cédule royale et au 5ᵉ de cette Instruction, s'ils suivaient d'autres routes ou employaient d'autres moyens.

9° Dans les villes où il y aura des manufactures, de quelque espèce que ce soit, établies d'ordre ou pour le compte de S. M. ou des individus particuliers, et dans lesquelles manufactures se trouveraient des maîtres ou des ouvriers qui ne professeraient pas la religion catholique, on en dressera des listes séparées, avec la spécification mentionnée dans cette Instruction, en y ajoutant le terme de leurs contrats ou de leurs engagemens; lesquelles listes seront remises au président du conseil, afin qu'ils soient prévenus de ce qu'ils devront faire, et en attendant on ne les inquiétera pas.

10° Dans lesdites matricules et autres dispositions de la cédule royale du 20 de ce mois, les justices comprendront tous les étrangers, quand même ils se trouveraient employés dans la maison de S. M. et à son service personnel, conformément à ses intentions royales, manifestées au conseil.

11° La rédaction des matricules, la déclaration et le serment des domiciliés et des *transéuntes* étant ainsi faits, les justices en transmettront connaissance au corrégidor du district, lequel en fera son rapport au conseil, afin que celui-ci puisse en rendre compte à S. M., ainsi qu'il est prescrit dans l'art. 1 de la cédule royale, pour ce qui concerne Madrid.

12° Afin que ce rapport soit dressé avec la précision qui convient, il sera rédigé d'après le modèle ci-joint (*).

(*) L'état inscrit à la suite de cette instruction contient dix colonnes, savoir : Noms. — Patrie. — Etat. — Noms et patrie de leurs femmes. — Nombre de leurs enfans. — Religion. — Profession. — Années de résidence dans ces royaumes. — Lieux où ils résident. — Domiciliés ou *transéuntes*. De sorte que, d'après l'état précédent, il résulte *tant* de domiciliés, parmi lesquels sont *tant* de Français, *tant* d'Anglais, *tant* d'Italiens, etc, en y désignant leurs familles; lesquels ont prêté le serment prescrit par la décision de S. M., conformément à ce qui a été prévu par le Conseil. Le nombre des *transéuntes* et celui de leurs familles est de *tant*, et parmi ceux-ci il y a *tant* d'Anglais, *tant* d'Italiens, etc., auxquels on a notifié le terme qui leur a été fixé pour sortir de ces royaumes.

Nº 16.

1791. — 21 *de Julio.*

F. 171, lib. vi, tít. ix de la novísima recopilacion.

Ley IX.

Don Carlos IV, por instancia de 21 de Julio de 1791.

Reglas que deberán observar las justicias para la ejecucion de lo dispuesto en la ley precedente.

1. Se procederá desde luego á la ejecucion de la cédula anterior sin dilacion, excusa, ni pretexto alguno en las capitales donde hay chancillerìas y au liencias, y por consecuencia distribucion de cuarteles y establecimiento de Alcaldes de barrio, por medio de alcaldes del crimen, cada una en el suyo, en la forma que para Madrid se dispone en el punto primero de la misma real cedula. Esto es, averiguar si en las listas, registros ó matriculas que han debido hacer, estan especificados todos los extrangeros y sus familias existentes en su distrito con sus nombres, patria

religion, oficio ó destino y objeto de permanecer
en aquella ciudad; como tambien si han declarado y firmado ser su animo permanecer como
avencindados y subditos de S. M. católica, ó como
transeuntes; y en caso de que no se hallen ejecutadas las matriculas de extrangeros con todas
las expresadas particularidares, se renovarán y
rectificarán inmediatamente con puntual especificacion de todas ellas.

2. En las ciudades en donde se hallen establecidos alcaldes de barrio; aunque no haya tribunal, ejecutará el corregidor por medio de ellos
igual operacion, y con la misma disticion y claridad; pero como puede ser que en estas no esten
hechas dichas matriculas con el órden y exactitud
que ahora deben constar, las harán de nuevo por
barrios, especificando los extrangeros, y sus familias existentes en cada uno con sus nombres,
patria, religion, oficio ó destino, y el objeto de
permanecer en el pueblo.

3. Del mismo modo lo ejecutarán los corregidores y justicias de las demas ciudades, villas y
lugares de estos reinos en donde no hay division
de cuarteles, ni alcaldes de barrio, por el metodo
que observen en operaciones de otras clases para
saber el total del vecindario; y valiendose á este
fin de los escribanos, alguaciles de su Juzgado, y
demas personas de confianza, que todas sin distincion les auxiliarán para esta operacion sin excusa ni pretecto alguno.

4. Así hecho los tales extrangeros de ambos sexos, que consten matriculados, declararán formalmente ser su animo permanecer ó no como avecindados y subditos del Rey nuestro Señor y lo firmarán.

5. Los extrangeros que esten avecindados, ó quieran avecindarse deben ser católicos, y unos y otros han de hacer ante la respectiva justicia el juramento en la forma siguiente.

« Que jura obedecer la religion católica, y guar-
« dar fidelidad á ella y al rey nuestro señor, y
« quiere ser su vasallo, sujetandose á las leyes y
« practicas de estos reínos, renunciando, como re-
« nuncia, á todo fuero de extrangeria, y á todo
« relacion, union y dependencia del pais en que
« nació (1); y promete no usar de la proteccion
« de él, ni su embajador, ministro ù consules; todo
« bajo las penas de galeras, presidio ó expulsion
« absoluta de estos reinos y confiscacion de sus

____

(10) Por real resolucion comunicada en circular del consejo de 1º de agosto de 1791, declaró S. M. para cortar dudas y cavilaciones, se hiciera entender á los Extrangeros que se presentasen al juramento ó que lo reusaran, que el renuuciar á toda relacion, conexion y dependencia del pais nativo, se entiende en las materias políticas, gubernativas y de sujecion civil, pero no las domésticas y económicas de los bienes y comercio de cada uno, y de sus personas y parentela.

« bienes, segun la calidad de la persona y de la
« contravencion. »

Extendido el juramento en esta forma, que podrá ser á continuation de la declaracion que debe
proceder segun el capitulo antecedente, se archi-
varán estas diligencias en los casos que ocurren de
variacion, alteracion ó contravencion de las tales
personas.

6. Tambien se notificará á los que se declaren
transeuntes, que no puden ejercer las artes libe-
rales ni oficios mecanicos en estos, sin avecindarse,
y por consecuencia no pueden ser mercaderes de
vara, ni vendedores por menor de cosa alguna,
sastres, modistas, peluqueros, zapateros, ni medicos, cirujanos, arquitectos, etc., á menos que
preceda licencia ó mandato expeso de S. M.; comprendiendose en esta prohibicion la de ser criados y dependientes de vasallos y subditos del rey
en estos dominios.

7. A las personas de los oficios y destinos que
refiere el capitulo antecedente se les darán quince
dias de termino para salir de la corte y dos meses
para fuera de estos reinos habrán de renunciar en
el mismo termino de quince dias el fuero de extrangeria, avencindarse y hacer el juramento que
va explicado en el capitulo quinto (12), con suje-

---

(12) Por real órden de 21 de agosto de 1791, comunicada en circular de 25 del mismo, declaró S. M. no diri-

cion à las penas mencionadas y los extrangeros que se declaren transeuntes, y no obtuvieren los oficios ó destinos indicados en el mismo capitulo antecedente, serán notificados de no venir ni permanecer en la corte sin licencia, que deberán obtener por la primera secretaria de estado dentro de quince dias, pues pasados sin obternerla, saldrán de ella y de esto reinos.

8. Por lo respectivo á la entrada de extrangeros, dejando como se deja por la citada real cédula, en su fuerza los tratados que deban subsistir con las potencias extrangeras para los traficos y negocios de sus respectivos subditos en estos reinos, se examinarán las liciencias y pasaportes con que vengan algunos á los puertos y plazas de comercio, y se impedirá la entrado por otras partes sin expresa real licencia ; y lo mismo se hará para venir

girse su real intencion y sus órdenes á exigir un juramento general : que á los extrangeros sospechosos que vengan á estos reinos y especialmente á la Corte, y mucho mas cuando no traigan objetos conocidos de sus tráficos y comercios, se habia mandado por órdenes particulares, ó salir, ó hacer el juramento de *transéuntes*, no siendo la sospecha muy vehemente ; y que este juramento no es de fidelidad ni vasallage, sino de pura obediencia y sumision al soberano y á las leyes de policia del pais en que se haya de residir, ni tener correspondencia contra ellas, por la que conspire á turbar la pública subordinacion y la tranquilidad del reino.

á la corte, señalando los vireyes, capitanes generales y gobernadores de la frontera para los extrangeros que vengan con pretexto de refugio, asilo ú hospitalidad ú otro, las rutas y pueblos interiores en que se hayan de presentar los que dieren motivos justos para obtener licencias, donde esperarán la concesion ó denegacion de estas, jurando entretando la sumision y obediencia al rey y á las leyes del pais, con apercibimento de iguales penas á las que van especificadas en el segundo punto de la real cédula, y quinto de esta instruccion, si usaren de otras rutas ó medios.

9. En los pueblos donde hubiere fábricas de cualquier especie de manufactura, que sean establecidas de órden y por cuenta de S. M. ó de particulares, en las cuales haya maestros ú oficiales qué no profesen la religion católica, se formarán listas separadas con la especificacion referida en esta instruccion; añadiendose el tiempo de sus contratas ó empeños, que remitirán al consejo por mano de su presidente, para que se les prevenga lo que deban hacer sin molestarlos entretanto.

10. En las citadas matriculas, y demas disposiciones de la real cédula de 20 de este mes comprenderán las justicias á todos los extrangeros, aunque su hallen empleados en la real casa y servidumbre civil de S. M., en cumplimiento de sus reales intenciones manifestadas al consejo.

11. Concluida la operacion de matricula, declaracion y juramento de los que estan avecinda-

dos, y de los transeuntes que por virtud de ellas se avecinden, pasarán las justicias noticia expresiva al corregidor del partido, y este sucesivamente, sin esperar á que esten completas, lo hará al consejo, para que dé cuenta á S. M., como por lo respectivo á Madrid se previene en el capitulo primero de la real cédula.

12. Para que esta noticia sea con la distincion y claridad que conviene, se extenderá un testimonio conforme al estacto ó modelo adjunto (1).

---

(1) El estado puesto á continuacion de esta instruccion comprende diez columnas, en la forma siguiente . Nombres. — Patria. — Estado. — Nombres y patria de sus mugeres. — Número de hijos. — Religion. — Oficio. — Años de residencia en estos reinos. — Pueblos donde residen. — Avecindados ó *transéuntes.* De forma que segun el estado precedente son tantos los domiciliados; de estos, tantos Franceses, tantos Iugleses, tantos Italianos, etc., con inclusion de sus familias; todos los cuales han hecho el juramento prevenido en la real resolucion de S. M., conforme á lo mandado por el Consejo : el número de *transéunte.* tambien con sus familias, es el de tantos; y de estos, tantos Ingleses, tantos Italianos, etc., á quienes se ha hecho saber el término que se les ha perfijado, para que salgan de estos reinos.

N° 17.

1791. — *Le 29 Novembre.*

Livre VI, titre XI.

Loi X.

Don Charles IV, par résolution royale et par cédule du Conseil de Castille du 29 Novembre 1791.

Rectification annuelle des matricules des Etrangers dans tous les lieux du royaume.

Désirant que mes dispositions royales, à l'égard des Etrangers, soient ponctuellement et continuellement exécutées, selon qu'il a été ordonné par les lois et ordonnances expédiées, sans manquer pourtant aux traités stipulés avec les puissances étrangères, en leur intelligence saine et véritable ; ordonnons que, dans les deux premiers mois de la prochaine année, et de même à perpétuité, l'on procédera à la rectification des matricules des étrangers faites dans la présente année, tant dans la capitale que dans les autres endroits du royaume, en y ajoutant ou en y corrigeant ce qu'il sera convenable en vertu des dispositions postérieures. Et les justices prendront note des étrangers qui seront partis et de ceux qui seront entrés ou qui n'auront pas satisfait à la cédule, aux ordres royaux et aux dispositions publiques, afin de procéder contre ces derniers sans négligence et sans égards : ce dont les justices seront responsables, et elles seront tenues d'en faire leurs rapports à mon conseil, lequel m'en transmettra connaissance (a).

(a) L'art. XIII du Réglement de police d'Espagne du 20 février 1824 commet à la police, entre autres attributions, les suivantes :

Première. — « Former les rôles exacts des habitans des « différens endroits du royaume, en y exprimant l'âge, le « sexe, l'état, la profession et la naturalité de tous les in- « dividus, d'après les modèles imprimés, que l'Intendance « générale rédigera à cet effet. »

Nº 17.

1791. — *El 29 de Noviembre.*

F. 174, lib. vi, tít. xi de la novísima recopilacion.

Ley X.

El mismo (Don Carlos IV), por real resolucion y cédula del
Consejo de 29 de Noviembre de 1791.

*Rectificacion anual de las matriculas de extran-
geros en todos los pueblos del reino.*

« Deseando que tengan continuo y complido
efecto mis reales determinaciones en el asunto de
extrangeros, segun lo dispuesto por las leyes y
autos acordados, y demas resoluciones que se
hallan comunicadas, sin faltar á los tratados hechos con las cortes extrangeras en su verdadera y
sana inteligencia; he resulto, que en los dos pri-
meros meses del año proximo venidero, y en todos los siguentes perpetuamente, asi en la corte
como en los demas pueblos del reino se recorran
y rectifiquen añadiendo ó enmendando lo que
convenga conforme á las ocurrencias posteriores,

las matricula ejecutadas en el precedente año;
anotando las justicias los extrangeros que hayan
salido, los que hubieren entrado ó contravenido
á la cédula, órdenes y esplicaciones públicas, para
proceder contra estos últimos sin negligencia ni
contemplacion, de que serán responsables; y de
todo darán cuenta al mi consejo, que me avisará
lo que resuelte (*a*).»

Nº 18.

1792. — *Le 3 Décembre.*

Don Charles IV.

*Ordonnance de S. M. C., portant que les Etran-
gers seront exempts du recrutement pour le
service des milices provinciales.*

« Monseigneur le comte de Campo Alange m'a

(*a*) El artículo XIII del reglamento de policia de España
de 20 de febrero de 1824, comete á la policia entre otras
atribuciones privativas la siguiente :

Primera. « — Formar padrones exactos del vecindario de
« los pueblos del reino, expresando la edad, sexo, profe-
« sion y naturaleza de todos los iudividuos, con arreglo á
« los modelos impresos que á este fin formará y circulará
« el Intendente general. »

transmis la communication suivante. Monseigneur le duc d'Alcudia me dit, sous la date du 22 du mois dernier, ce qui suit : « Ayant été exposé au roi, par mon entremise, que les Français domiciliés à Malaga avaient été contraints de se soumettre au tirage du recrutement pour le service de milices, dont il est résulté qu'un individu de cette nation a été obligé d'entrer au service militaire, S. M. a prescrit qu'il soit donné à cet individu son congé définitif, et qu'à l'avenir aucun Français ni Etranger de quelque nation que ce fût ne soient sujets au tirage dans ce recrutement. Ce que je transmets à V. E., d'ordre royal, pour son exécution en ce qui vous concerne.

« Agréez, etc.

« San Lorenzo, le 3 décembre 1792. »

Alange.　M. Don Juan José de Vertiz.

N° 18.

1792. — 3 *de Diciembre.*

Real órden de S. M. católica exceptuando á los extrangeros del sorteo para el servicio de milicias.

« El señor conde de Campo Alange me dice lo que copio. El señor duque de Alcudia me dice con fecha 29 del mes anterior lo siguiente. Habiendose representado al rey por mi mano que á los franceses domiciliados en Malaga se obliga á entrar en sorteo para milicias, de cuyas resultas ha caido la suerte en un individuo de dicha nacion; ha resuelto S. M. que à éste se dé desde hugo su licencia absoluta, y que en adelante no vuelvan á sortearse franceses ni extrangero alguno de cualquier nacion que sea. Lo que participo à V. E. de su real órden para su inteligencia y cunplimunto en la parte que le toca. Dios que á V. E. m. a. San Lorenzo 3 de diciembre 1792. Alange. Señor Juan José de Vertez.

Nota. Esta real órden la expidió S. M. C., en 29 de noviembre de 1792.

10.

N° 19.

1795. — *Le 2 Juillet.*

ARTICLE extrait du traité définitif de paix conclu entre S. M. C. et la République Française, signé à Bâle, le 2 juillet 1795, ratifié par S. M. le roi d'Espagne, à Saint-Ildephonse, le 4 août de la même année.

ART. II.

En attendant qu'il soit fait un nouveau traité de commerce entre les parties contractantes, toutes les comunications et relations commerciales seront rétablies entre l'Espagne et la France sur le pied où elles étaient avant la présente guerre.

Il sera libre à tous négocians espagnols de reprendre et de reporter en France des établissemens de commerce, et d'en former de nouveaux, selon leur convenance, en se soumettant, comme tous autres individus, aux lois et usages du pays.

Les négocians français juiront de la même faculté en Espagne, et aux mêmes conditions.

N° 20.

1796. — *Le 18 Août.*

Articles extraits du traité d'alliance offensive et défensive, conclu entre S. M. C. et la République Française, signé à Saint-Ildephonse, le 18 août 1796, ratifié par ledit souverain à Saint-Lorenzo, le 14 octobre de la même année.

Art. XV.

Il sera conclu très-incessamment un traité de commerce d'après des taxes équitables, et réciproquement avantageuses aux deux peuples, qui assure à chacun d'eux, chez son allié, une préférence marquée pour les produits de son sol et de ses manufactures, ou tout au moins des avantages égaux à ceux dont jouissent, dans les états respectifs, les nations les plus favorisées. Les deux puissances s'engagent à faire, dès à présent, cause commune pour exprimer et anéantir les maximes adoptées par quelque pays que ce soit, qui contrarieraient leurs principes actuels, et porteraient atteinte à la sûreté du pavillon neutre et au res-

pect qui lui est dû, ainsi que pour relever et ré-
tablir le système colonial de l'Espagne sur le pied
où il a existé ou dû exister d'après les traités.

Art. XVI.

Le caractère et la juridiction des consuls seront
en même temps reconnus et réglés par une convention particulière. Celles antérieures au présent
traité seront provisoirement exécutées.

N° 21.

1814. — *Le 20 Juillet.*

Articles additionnels du traité définitif de paix et
d'amitié conclu entre l'Espagne et la France,
signé à Paris le 20 juillet 1814.

Article premier.

Les propriétés, quelle qu'en soit la nature, que
les Espagnols possédaient en France, ou les Français en Espagne, leur seront restituées dans l'état
où elles se trouvaient au moment du séquestre ou
de la confiscation. La main-levée des séquestres

sera extensible à toutes les propriétés qui se trouveront dans ce cas, quelle que soit l'époque où
elles auraient été saisies.

Les discussions d'intérêts existantes dans le
jour, ou qui pourront survenir dans la suite entre
Espagnols et Français, soit qu'elles aient commencé avant la guerre ou qu'elles soient sus-
citées après, seront terminées par une commission
mixte ; ou si ces discussions étaient exclusivement
de la compétence des tribunaux, d'un côté et de
l'autre il sera recommandé à ceux-ci d'y rendre
bonne et prompte justice.

Art. II.

Sitôt que possible, il sera conclu entre les deux
puissances un traité de commerce ; et jusqu'à ce
qu'il ait lieu, les relations commerciales entre les
deux pays seront rétablies sur le même pied où
elles se trouvaient en 1792.

Paris le 20 juillet 1814. Signé Pierre-Gomez
Labrador. — Le prince de Benevento.

N° 22.

1815. — *Le 6 Juillet.*

———

...ar royal, expédié à Madrid le 6 juillet .815, par le ministère des relations extérieures, portant que les négocians étrangers, établis en Espagne, devront payer les contributions ordinaires et extraordinaires à l'instar des indigènes.

———

« Le roi notre maître, se conformant à l'opinion de l'assemblée du commerce et dépendances d'étrangers, en première chambre du gouvernement du conseil des finances, a bien voulu résoudre que tous les négocians étrangers, ayant maison de commerce établie en Espagne, paieront les contributions ordinaires et extraordinaires à l'instar des négocians espagnols. »

———

Nº 23.

1815. — *Le 10 Août.*

Don Ferdinand VII.

Divers articles de l'ordonnance de S. M. C., contenant les règles à observer pour l'augmentation de la population du commerce, de l'industrie et de l'agriculture dans l'île de Porto-Rico.

ART. VI.

Comme il est juste que le commerce direct avec les étrangers contribue au soutien de l'île et au soulagement des frais considérables qu'elle porte à l'état, nous ordonnons que les denrées paieront à leur importation ou exportation, sans distinction, sur une taxation modérée, le six pour cent de leur valeur.

VIII.

Tous les Etrangers qui voudraient s'établir ou qui le seraient déjà à Porto Rico, devront justifier pardevant les autorités qu'ils sont catholiques romains, car sans cette qualité indispensable, ils ne pourront pas s'y domicilier; nos sujets seront exempts d'une pareille justification.

IX.

Les Etrangers qui seraient admis en conformité de l'article précédent, prêteront serment de fidélité et d'obéissance pardevant le gouverneur, en offrant d'obéir aux lois et aux ordonnances générales des Indes comme des Espagnols, et ledit fonctionnaire leur accordera aussitôt, en notre nom royal, gratuitement et à perpétuité, les terres qui leur reviendront d'après les dispositions suivantes.

X.

On désignera à chaque individu blanc des deux sexes, quatre fanègues et deux septièmes (2 2/4 hectares) de terre, et la moitié à chaque esclave nègre ou de couleur que les colons amèneraient avec eux, le partage étant fait de manière que tous devront participer également du bon, du médiocre et du mauvais terrain; lesdites assignations seront inscrites sur un registre cartulaire de population, y ajoutant le nom du colon, la date de son admission, le nombre d'individus de sa famille, sa qualité et son origine, en leur donnant des copies authentiques de leurs parties respectives, qui leur serviront de titres de propriété.

XII.

Les cinq premières années de l'établissement
des colons dans l'île étant expirées, s'ils s'obligent
à y rester à perpétuité, eux et leurs enfans nés
avant ou après leur entrée dans la colonie jouiront des droits et priviléges de naturalisation, et
en conséquence, ils seront admis aux charges honorables civiles et militaires.

XIII.

Aucun droit de capitation ou tribut personnel
ne sera imposé jamais sur les colons blancs ; ils
devront seulement satisfaire pour leurs esclaves
une piastre annuelle par tête, dix ans après leur
établissement dans l'île, et sans que cette cote
puisse souffrir d'augmentation par la suite.

XIV.

Les colons espagnols ou étrangers qui voudraient
retourner dans leur pays dans l'espace des cinq
premières années, pourront le faire à leur gré,
emportant, libres de droits de sortie, les biens
qu'ils y auraient conduits, en payant dix pour
cent pour l'excédent ; bien entendu que le terrain
qui leur aura été désigné dans l'île rentrera à la
couronne, qui en disposera en faveur d'autres, ou
de la manière qu'elle le jugera convenable.

XV.

Nous accordons aux anciens et aux nouveaux colons qui mourraient dans l'île, sans héritiers forcés, la faculté de pouvoir tester en faveur de leurs parens et amis, dans quelqu'endroit qu'ils puissent se trouver; si les successeurs voulaient s'établir dans l'île, ils jouiraient des priviléges accordés à leur auteur; s'ils préféraient d'emporter l'héritage, ils paieraient, sur la totalité, quinze pour cent d'exportation, si le décès du colon avait eu lieu après les cinq premières années de son établissement, et dix pour cent, s'il avait eu lieu avant, ainsi qu'il est dit à l'article antérieur. Les successions de ceux qui seraient morts *ab intestat* appartiendraient aux pères, frères ou parens, quand même ils se trouveraient établis dans l'étranger, pourvu qu'ils viennent se domicilier dans l'île, étant catholiques; et dans le cas où ils ne pourraient ou ne voudraient pas venir s'y fixer, nous leur accordons la liberté de disposer de leurs héritages par vente ou par cession, en conformité des préventions faites aux deux articles précédens.

XVI.

Nous accordons également à tous les colons qui auraient des biens fonds dans l'île, de pouvoir disposer, soit par testament, ou d'une autre manière, desdits biens, leur propriété, n'admettant pas de division arbitraire à un ou à plusieurs de leurs enfans, au préjudice de la légitime des autres, ni des droits de la veuve.

Donné au palais le 10 août 1815.

Le Roi. Michel de Lardizabal et Vribe.

N° 24.

1815. — *Le 30 Octobre.*

Circulaire du ministère des finances, sur l'exception des contributions aux étrangers *transéuntes*, expédiée à Madrid, le 30 octobre 1815.

« S. M. voulant fixer le sens des ordres relatifs à l'exception en faveur des négocians étrangers, quant au paiement des impositions et des charges auxquelles ils doivent être sujets dans les endroits de leur résidence, et en attendant que, d'après ce qui est ordonné par S. M., le conseil des finances puisse lui donner son avis sur cette affaire, il a plu à S. M. de déclarer que cette exception ne doit comprendre les négocians étrangers domiciliés en Espagne, mais seulement ceux qui seront regardés et se trouveront inscrits aux endroits où ils résident dans la classe de *transéuntes* (passagers).

« Je vous donne connaissance par ordre du roi, aux fins de son exécution. Dieu, etc. Madrid, le 30 octobre 1815. »

N° 25.

1816. — *Le 19 Mai.*

ORDRE royal, communiqué par le ministère des finances à la direction des rentes, exprimant le droit de tonnage qui devra être perçu en Espagne et aux îles adjacentes, sur tout bâtiment français qui viendrait y relâcher.

« Le Roi notre maître a bien voulu ordonner, en date du 13 courant, que l'on prélèverait sur tout bâtiment français qui viendrait relâcher dans les ports de la péninsule et aux îles adjacentes, vingt réaux de veillon (une piastre forte) pour chaque tonneau de portée, en comprenant dans ce droit tous ceux de santé, d'ancrage, de mouillage, de curage du port, de fanal, de tonnage, du capitaine du port, et de tous autres qui seraient perçus sous le titre de droits de navigation.

« Au palais, le 19 mai 1816.»

N° 26.

1817. — *Le 3 Septembre.*

ORDRE royal, communiqué par le ministère des finances à la direction des rentes, portant que l'on exigera des consuls étrangers les droits d'entrée, même sur les objets qu'ils feraient venir pour leur usage, etc.

« Le Roi, ayant bien voulu adhérer à votre opinion, il a plu à S. M. d'ordonner l'exacte exécution de l'ordre royal du 4 juin 1790, par lequel il est statué que les consuls étrangers paieront les droits d'entrée, même des objets qui seraient destinés à leur usage, ainsi que les contributions de tout genre en exerçant le commerce. J'ai l'honneur de vous faire cette communication par ordre royal, aux fins de son exécution. Dieu, etc.

« Au palais, le 3 septembre 1817. »

N° 27.

1817. — Le 18 Octobre.

Don Ferdinand VII

...ANCE royale de S. M. C. et de MM. les membres du conseil suprême des Indes, contenant l'instruction et les règles convenues pour l'augmentation de la population blanche dans l'île de Cuba.

Articles de l'instruction adressée au roi par les autorités de l'île de Cuba.

ARTICLE PREMIER.

Tous les Etrangers des puissances amies ou alliées, établis ou qui voudraient s'établir dans l'île de Cuba, prouveront au gouvernement qu'ils sont catholiques romains; car sans cette qualité, il ne leur sera pas permis de s'y domicilier; les Espagnols sont exempts de cette disposition.

Art. II.

Les Etrangers qui seraient admis en vertu de l'article antérieur, prêteront serment de fidélité et d'obéissance pardevant le gouverneur, s'obligeant à obéir aux lois et aux ordonnances générales des Indes, auxquelles les Espagnols sont sujets.

Art. III.

Cinq ans après leur établissement dans l'île, on leur accordera les droits de naturalisation, s'ils s'obligent à y rester à perpétuité; leurs enfans, nés avant ou après leur entrée à Cuba, jouiront des mêmes droits, afin qu'ils puissent être admis aux emplois honorables civils et militaires, auxquels leurs talens leur donneraient des droits.

Art. IV.

Aucun droit personnel ne sera prélevé dans aucun temps sur les colons blancs; ceux-ci paieront seulement, au bout de dix ans, une piastre forte par tête pour leurs esclaves, sans que cette imposition puisse être augmentée jamais.

Art. V.

Les colons Espagnols ou Etrangers auront la faculté de quitter l'île pendant les cinq premières années, emportant, libres des droits, les effets qu'ils y auraient amenés; de l'excédent, ils paieront dix pour cent.

Art. VI.

Les anciens comme les nouveaux colons auront le droit de léguer leurs successions à leurs parens ou amis, quel que soit l'endroit où ils pourront se trouver; si les héritiers voulaient s'établir dans l'île, ils jouiront des priviléges accordés à leur auteur; mais s'ils préféraient d'en retirer la succession, le faisant cinq ans après l'établissement du colon légataire, ils en paieraient quinze pour cent, et dix seulement si le terme mentionné n'était pas échu. Les pères, frères ou parens hériteront, en cas d'*ab-intestat*, quoiqu'ils se trouvent établis dans l'étranger, pourvu qu'ils viennent s'établir dans l'île, étant catholiques. Si lesdits héritiers ne voulaient venir s'y fixer, ils pourraient disposer des biens par vente ou par cession, d'après les règles établies aux deux articles précédens.

Art. VII.

Les colons qui auraient des biens fonds dans l'île pourront en disposer d'après les lois d'Espagne, sans admettre la division volontaire en faveur d'un ou de plusieurs de leurs enfans, que dans les cas où il ne s'en suivrait pas de griefs aux légitimes des autres, ou à la veuve du légataire.

Art. VIII.

Tout colon qui devrait sortir de l'île par un motif juste et urgent, demandera et obtiendra la permission du gouverneur, pourvu que ce ne soit pas pour se rendre dans les pays ennemis ou pour emporter ses biens.

Art. IX.

Les colons, sans exception, seront exempts du paiement des dîmes pendant dix ans ; ce temps étant expiré, à compter de la date de cette ordonnance, ils seront tenus d'en satisfaire le quart, c'est-à-dire deux et demi pour cent.

Art. X.

Il seront exempts du droit d'*alcabala* à la vente de leurs marchandises pendant le même temps, n'en payant que le quart, deux et demi pour cent, après les dix ans ; tout ce qu'ils exporteront sous pavillon espagnol sera libre de tout droit de sortie à perpétuité.

Art. XI.

Les colons devront être toujours armés, même en temps de paix, pour contenir leurs esclaves ;

e devoir ne les constituera pas dans la classe des
milices réglées, étant seulement tenus de présen-
er leurs armes aux revues que passeront chaque
bimestre le gouverneur ou l'officier auquel il aura
été délégué cette faculté. En temps de guerre ou
l'insurrection des esclaves, tous seront obligés de
concourrir à la défense de l'île, en corformité des
dispositions qui seront prises par le chef.

Art. XII.

Les navires appartenant aux anciens colons, ou
ceux qu'ils pourraient acquérir de l'étranger, seront amenés et immatriculés dans l'île, étant considérés comme espagnols, quelle que soit leur classe
ou condition, et exempts des droits d'étrangers et
d'*habilitation*. Le gouvernement facilitera la coupe
de bois nécessaire à la construction de bâtimens
dans l'île, se réservant seulement celui qui serait
destiné à la marine royale.

Art. XIII.

En outre de la déclaration religieuse que devront faire les étrangers qui viendraient s'établir
dans l'île, ils seront tenus de manifester au gouvernement le métier ou l'exercice honnête et utile
auquel ils s'emploient, ainsi que les biens, les propriétés ou les capitaux qu'ils introduiront, et qu'ils

pourront emporter en cas qu'ils prissent le parti de quitter l'île pendant les cinq premières années.

Art. XIV.

Le gouvernement ayant arrêté l'admission du colon, en prendra note sur un registre, du nom, du pays, de la famille, de l'occupation ou état, du district où il devra s'établir, et des capitaux qu'il aura manifestés, comme de sa propriété, et ensuite on lui donnera une lettre de domicile, le serment de fidélité ayant eu lieu au préalable.

Art. XV.

Les autorités à qui appartient la connaissance des lettres domiciliaires, en prendront note gratis.

Art. XVI.

Ces documens donneront un titre aux colons étrangers, pour être regardés comme habitans de l'île, leurs propriétés étant considérées aussi inviolables que celles des anciens; la justice leur sera administrée équitablement, et le gouvernement veillera à leur sûreté et protection.

Art. XVII.

Les colons étrangers, domiciliés dans la forme

prescrite, pourront acquérir toute espèce de propriétés rurales ou civiles dans l'île , à l'instar des Espagnols. Ils seront libres de changer de domicile ou d'exercer leur industrie à leur gré, avec connaissance des autorités locales.

Art. XVIII.

Pendant les cinq premières années de résidence des colons étrangers, ils ne pourront s'occuper personnellement du commerce maritime, avoir des magasins ou boutiques, ni des bâtimens en propre; il leur sera cependant permis de s'associer aux Espagnols pour des affaires de commerce; les contrats qu'ils passeront avec eux, de parole ou par écrit, auront la même force que s'ils étaient faits entre Espagnols.

Art. XIX.

La liberté accordée aux colons pour pouvoir quitter l'île et emporter ou disposer de leur propriété pendant les cinq premières années, est absolue et sans aucune condition ou restriction.

Art. XX.

En cas de guerre avec les puissances dont les colons domiciliés seraient naturels, ceux-ci ne perdront point leurs droits et leur avantage de domicile à Cuba. Quand même les cinq années de leur établissement ne seraient point expirées, leurs biens ne seront sujets pour cela aux embargos, aux séquestres, ni à d'autres mesures analogues à l'état de guerre. Ceux qui voudront rester dans l'île pourront le faire en pleine liberté et se naturaliser au bout de cinq ans, pourvu que leur conduite et leurs mœurs soient sans reproche. Les individus qui, malgré cela, désireraient s'absenter, auront le temps suffisant d'arranger commodément leurs affaires, emportant, libres de droits, les effets qu'ils auraient introduits dans l'île, ou l'équivalent, en payant sur l'excédent les dix pour cent mentionnés à l'art. XVI.

Art. XXI.

Les colons domiciliés ou naturalisés pourront disposer par testament, ou dans une autre forme légale, de leurs biens ; leur dernière volonté sera religieusement accomplie en cas de décès, et si on l'ignorait ou que le colon fût mort *ab-intestat*, ses enfans ou parens les plus proches seront les héritiers légitimes, avec les mêmes droits que leur auteur.

Art. XXII.

Pour éclaircir les articles précédens, l'on déclare que les droits et les usages établis dans d'autres nations, sous le nom de *droits d'aubaines*, *d'échéatage*, etc., par lequel le gouvernement et le fisc s'adjugent les biens des Etrangers à leúr mort, ne seront jamais pratiqués à Cuba ; quand même ce droit pourrait avoir lieu dans certains cas envers les Etrangers *transéuntes*, il ne peut jamais s'entendre ni être applicable aux domiciliés.

Art. XXIII.

Les colons seront exempts, pendant les cinq ans de leur domicile, de toute espèce de charges où contributions, à l'exception des cas extraordinaires prévus par le droit naturel et de gens, où tous doivent concourrir à l'intérêt général de la cause publique.

Art. XXIV.

Si les colons étrangers voulaient se naturaliser après les cinq ans, ils auront recours au gouvernement, en présentant leur lettre de domicile et manifestant qu'ils s'obligent à rester perpétuellement dans l'île. Le gouvernement prendra en conséquence les informations qu'il jugera convenables, et leurs bonnes qualités, leur résidence continuelle pendant les cinq années, leur établissement et leur industrie étant constatés, il les admettra à prêter devant lui le serment de naturalisation, par lequel ils s'engagent à être fidèles à la religion catholique, au roi et aux lois, en re-

nonçant tout for, priviléges et protection étrangère, en offrant de ne conserver de dépendance,
de relation ni de soumission civile au pays dont
ils sont originaires : bien entendu que ceci ne com-
prend pas les relations et la correspondance de
famille ou d'affaires, que tout étranger établi
(*avecindado*) pourra maintenir en conformité de
l'ordonnance royale et de l'instruction du 2 septembre 1791, ainsi que des circulaires postérïeu-
res.

Art. XXV.

Les lettres de naturalisation leur seront expédiées à ces conditions, gratis; les autorités qui
devront les enregistrer le feront aussi sans frais.

Art. XXVI.

Les Etrangers naturalisés, leurs enfans légitimes, jouiront des mêmes droits et priviléges que
les Espagnols, en conformité de l'article XV.

Art. XXVII.

Quant aux Etrangers qui se trouvent actuellement dans l'île, on comptera les cinq ans de la
date de la permission qu'ils auraient obtenue pour
s'y établir, pourvu que leur résidence ait été continuelle à Cuba pendant cet intervalle; s'ils ont

en outre les qualités religieuses et civiles nécessaires, on leur accordera la lettre de domicile, en
vertu des articles antérieurs.

Art. XXVIII.

Les Etrangers qui existeraient actuellement
dans l'île, sans avoir acquis de domicile en conformité de la présente ordonnance, devront en
sortir dans l'espace de trois mois, qu'on leur accorde dans le but qu'ils puissent y régler leurs
affaires; bien entendu que ceux qui seraient trouvés à Cuba après ce terme, seront traités et châtiés
d'après les lois.

Art. XXIX.

Les capitaines, les supercargos et les équipages
des navires étrangers, sont exceptés de cette disposition pendant le temps qu'on permettra leur
admission dans les ports de l'île de Cuba, et on
les considérera comme *transéuntes*, sans s'éloigner
des mêmes ports autorisés, où ils seront seulement
assujétis aux règles générales de la police.

L'instruction qui précède les informations don-
nées par le grand-maître des comptes, et l'ex-
position faite par le procureur du roi ayant été
examinées par le conseil des Indes, cette assemblée fit connaître son opinion à S. M. C. le 24 septembre dernier; ce souverain s'y confirmant, il lui

plut d'approuver les articles qui précèdent sous les modifications et additions suivantes :

Premièrement. —Que l'on évitera tant de formalités pour les lettres de naturalisation; que le gouverneur de chaque province de l'île entendra instructivement le prétendant, avec connaissance de son asse seur, en qualifiant si les circonstances voulues pour la naturalisation dans l'ordonnance du 10 août 1815 se trouvent en lui; et qu'une a‑testation le déclarant ainsi sous le seing du notaire du gouvernement, leur servira de lettre de naturalisation.

Deuxièmement. — Qu'il est étonnant qu'on n'offre pas de terres aux colons comme à Porto Rico, celui-ci étant le meilleur moyen d'attirer les pauvres qui y trouvent le plus grand avantage; le roi prévient aux autorités de suppléer à ce défaut, surtout dans la partie orientale de l'île, où il y aura plus de terrains de la couronne, et où il est plus nécessaire à présent d'augmenter la population de blancs honnêtes.

Troisièmement.—S. M. recommande aux deux chefs supérieurs de nommer trois habitans respectables de l'île pour veiller à cet objet et à tous ceux qui sont relatifs à ce grand but, leur proposant et intéressant la généralité dans les mesures que la prudence dicte de prendre.

Quatrièmement. — Qu'entre ces mesures l'on

ait bien présent celle de faciliter le mariage des colons en désignant les endroits où ils trouveront des femmes.

Cinquièmement. —Que la population espagnole étant préférable à celle de l'étranger, on s'occupera immédiatement de proposer les moyens pour l'obtenir, sans que la métropole, les îles Baléares et celles de Canaris s'en ressentent.

Finalement, le vœu de S. M. est que le conseil s'occupe encore de lui proposer toutes autres mesures qu'il jugera convenables à peupler de blancs les îles de Cuba, de Porto-Rico et de Saint-Domingue.

Donné au palais, le 18 octobre 1817. Le Roi.— Par ordre du Roi, notre maître, Etienne DE VAREA.

N° 28.

1819. — *Le 6 Juin.*

Ordre royal de S. M. C., portant de nouvelles dispositions à l'égard des certificats d'origine.

Le Roi ayant pris connaissance des antécédens qui donnèrent lieu à l'expédition de l'ordre du 19 novembre 1802, pour que les bâtimens marchands qui viendraient à la péninsule fussent tenus de porter des certificats des consuls espagnols, sous peine de confiscation; le Roi instruit également de ce que l'on a écrit successivement à ce sujet, tant sur l'utilité que sur l'inutilité des certificats d'origine des marchandises importées dans les ports d'Espagne, il a plu à S. M., d'après toutes ces considérations, de résoudre :

Article premier.

Que la teneur des articles 35 et 36 du chapitre VII de l'instruction générale des rentes, en date du 16 avril 1816, sera observée.

Art. II.

Que les administrateurs des douanes recevront les certificats en même temps que les manifestes.

Art. III.

Qu'il sera sursis à l'expédition de la dépêche, s'il manquait un certificat de quelque partie de marchandises, et jusqu'à ce que l'intéressé l'ait produit.

Art. VI.

Que les consuls percevront un droit de douze réaux de veillon (trois francs) sur chaque certificat qu'ils expédieront.

Art. VII.

Que les consuls remettront à la fin de chaque mois la note des certificats qu'ils auraient expédiés, en y exprimant les noms des navires et des capitaines, le pavillon, la destination et la numération des certificats donnés, ainsi que le nombre de caisses, caissons, ballots, et autres emballages d'une classe quelconque, sans qu'il soit nécessaire d'expliquer le contenu, afin que lesdites notes parvenant le plus tôt possible, on puisse en faire la vérification convenable.

J'ai l'honneur de vous communiquer le tout, par ordre royal, afin que vous veilliez à son exécution en ce qui vous concerne ; et il est bien de faire connaître que l'art. 35 du chapitre VII de l'instruction générale des rentes s'exprime ainsi : « L'administration de la douane exigera des négocians la remise des certificats des consuls d'Espagne résidans dans les ports étrangers, pour les marchandises qui en procéderont. Un seul certificat suffira à chaque intéressé, quand même les effets ou les denrées seraient d'une espèce différente, pourvu qu'elles appartiennent aux produits de fabriques d'une même nature. » Et l'article 36 porte que : « Les grains et les semences, les premières matières pour les fabriques, et les articles exempts de droits royaux à leur importation, ne seront pas sujets aux certificats. »

Madrid, le 6 juin 1819.

N° 29.

1824. — *Le 20 Février.*

Don Ferdinand VII.

Réglement de police d'Espagne.

CHAPITRE X.

Des Passeports.

Art. LXXXVIII.

Les passeports qui seront expédiés à Madrid pour l'Etranger devront être visés par les ambassadeurs ou ministres des puissances où le voyageur voudra se rendre.

Art. LXXXIX.

Le surintendant général de police ne pourra retenir le passeport à nul Etranger qui le portera en règle, ni lui en donner un autre en place de celui dont il sera porteur ; mais il devra seulement viser celui qui lui sera exhibé.

Art. XC.

Les Etrangers qui s'introduiront sans passeport dans ce royaume, ou bien qui le porteront non muni des formalités requises, en seront expulsés immédiatement, étant obligés en sus de payer les dépens qu'occasionneraient leur expulsion.

CHAPITRE XII (*même réglement*).

Art. LXXXI.

Les passeports qui, en conformité du réglement de police de Madrid, doivent être visés par les ambassadeurs ou ministres des puissances où le voyageur voudra se rendre, seront visés dans les ports et sur les frontières par les consuls ou vice-consuls des mêmes nations établis sur les lieux.

Art. LXXXIV.

Aucun Etranger ne sera admis dans ce royaume sans le passeport compétent, lequel devra être visé par les ambassadeurs, ministres, consuls ou vice-consuls du Roi, si l'étranger provient de quelque ville ou village où il y en aura, ou même s'il passe sur des lieux où ces agens espagnols seront établis.

Art. LXXXV.

Les Etrangers qui entreront dans ce royaume, ou qui en sortiront, seront tenus de présenter leurs passeports à l'intendant ou subdélégué de police des frontières ou ports par où ils entreront ou sortiront, laquelle autorité les visera moyennant une rétribution de 8 réaux de veillon. L'intendant ou subdélégué tiendra un registre particulier où toutes les circonstances de ces visas seront indiquées.

Art. LXXXVI.

Les Etrangers sont tenus de présenter de même leurs passeports dans quelque endroit du royaume où ils devront résider plus de vingt-quatre heures. Ces visas ne seront pas sujets à rétribution.

N.º 29.

1824. — 20 de Febrero.

Reglamento de policia de España.

CAPITULO X.

De los pasaportes.

Art. LXXXVIII.

Los pasaportes que se expidan en Madrid para el extrangero deberán ser visados por los embajadores ó ministros de las potencias á cuyos dominios haya de pasar del viagero.

Art. LXXXIX.

El superintendente general de policia no podrá retener el pasaporte á ningun extrangero que lo traiga en regla, ni darle otro nuevo en lugar del que sea portador, sino que deberá refrendar el que se le presente.

Art. LXXXX.

Los extrangeros que se introduzcar en el reino sin pasaporte, ó que no le traigan con las formalidades prescritas, serán echados inmediatamente, y obligados á pagar las costas que ocasione su lanzamiento.

CAPITULO XII

DEL DICHO REGLAMENTO DE POLICIA.

De los pasaportes.

Art. LXXXI.

Los pasaportes que en conformidad del reglamento de Madrid deben ser visados por los embajadores ó ministros de las potencias á cuyos dominios haya de pasar el viagero, serán visados en los puertos y fronteras por los consules ó viceconsules de las mismas naciones, donde los haya.

Art. LXXXII.

Ningun extrangero será admitido en el reino sin el correspondiente pasaporte, el cual deberá venir visado de los embajadores, ministros, consules ó vice-consules del rey, si el extrangero procede de ciudades ó pueblos donde los haya, ó pasa por lugares donde exista alguno de estos agentes españoles.

Art. LXXXV.

Los extrangeros que entren en el reino ó salgan del estarán obligados á presentar sus pasaportes al intendente ó subdelegado de policia de las fronteras ó puertos por donde entren ó salgan, el cual los refrendará, mediante una retribucion de 8 reales. El intendente ó subdelago llevará un registro particular en que consten todos las circunstancias de estos refrendos.

Art. LXXXVI.

Igual presentacion deberán hacer los extrangeros en cualquiera pueblos del reino donde hayan de residir mas de 24 horas. Estos refrendos no estarán sujetos á retribucion.

N° 3o.

1824. — *Le 7 Mars.*

Don Ferdinand VII.

LE ROI.

Le 9 février dernier, j'ai bien voulu expédier à mon premier secrétaire des affaires étrangères, le comte d'Ofalia, le décret royal suivant :

« Par mes décrets royaux du 3 et du 20 octobre
« 1823, expédiés à Jerez et à Séville, et par ré-
« solution royale, en vertu d'une consultation du
« Conseil suprême des Indes, du 25 novembre,
« laquelle fit paraître la cédule du 25 décembre
« dernier, j'ai cru convenable d'ordonner l'aboli-
« tion, dans mes domaines d'outre-mer, du régime
« appelé *constitutionnel*, en rétablissant l'admi-
« nistration antérieure telle qu'elle se trouvait
« au 7 mars 1820, comme il avait été déjà exécuté
« dans la péninsule. Quoique les dispositions ex-
« primées ne se rapportassent qu'au régime inté-
« rieur de ces provinces, sans qu'il y fût fait men-
« tion ni du commerce, ni de la navigation qui
« subsistaient, avant et après le 7 mars cité, pres-

« que dans le même état où ils se trouvent actuel-
« lement, j'ai, néanmoins, cru convenable de pré-
« venir expressément les autorités respectives,
« par mon ordre royal du 4 janvier dernier, de
« ne faire aucun changement à ce sujet, et de
« conserver les relations du commerce direct, éta-
« blies dans quelques lieux avec les Etrangers en
« conséquence de l'autorisation des chefs locaux,
« ainsi que par la mienne en vertu de consulta-
« tion du Conseil des Indes, antérieurs à l'année
« 1820. A ces considérations, et désirant que ce
« qui a été ordonné par l'ordre royal précité du
« 4 janvier ait la publicité nécessaire, et après
« avoir entendu, sur cette matière, l'avis d'une
« assemblée de conseillers des Indes, présidée par
« le duc de Montemar, ainsi que celui de mon
« conseil de ministres associé à deux commissions,
« dont l'une tirée du Conseil-d'Etat, et l'autre de
« celui des Indes, en me conformant alors à leur
« opinion, j'ai cru convenable de résoudre et d'or-
« donner ce qui suit :

« 1° Le commerce direct avec les Etrangers, su-
« jets des puissances aliées et amies de l'Espagne,
« subsistera dans mes domaines de l'Amérique,
« et les navires marchands desdites puissances
« pourront entrer et commercer dans les ports
« d'icelle, ainsi qu'ils le font dans ceux de mes
« domaines en Europe ;

« 2° Il sera expédié un décret ou loi, ayant pour
« objet de fixer les bases de ce commerce, en y

« déclarant les ports *habilités* ou *autorisés* à ce
« sujet, tant dans la mer du Nord et dans les îles,
« que dans la mer Pacifique, et en établissant
« les douanes, tarifs et droits d'importation et
« d'exportation sur la base de l'égalité entre les
« sujets des puissances susdites ;

« 3° Les franchises, préférences et avantages
« en faveur du commerce, de la navigation, de
« l'agriculture et de l'industrie espagnols, seront
« aussi déterminés par le susdit décret ;

« 4° En attendant que ce qui vient d'être
« énoncé dans les deux articles précédens soit
« établi, aucun changement n'aura lieu au sujet
« dudit commerce actuel, lequel sera réglé, au-
« tant que possible, dans les autres ports de l'A-
« mérique, suivant le système adopté dans l'île de
« Cuba. Les Espagnols-Américains trouveront
« dans cette disposition une nouvelle preuve de
« mon véhément désir de leur accroissement et
« de leur prospérité. Les Espagnols-Européens
« seront persuadés de mon intention décidée à
« leur assurer les franchises et les préférences qui
« leur sont dues. Les négocians de bonne foi, de
« tous les pays, y verront mon intention de con-
« server et d'encourager les relations commercia-
« les existantes, ainsi que l'emploi lucratif de leur
« capitaux ; et les souverains et les gouvernemens
« mes alliés ou amis auront un témoignage pu-
« blic de mon désir bien prononcé de maintenir

« l'harmonie et la bonne intelligence qui nous
« lient. »

Le précédent décret a été communiqué, par
mon ordre royal, à mon Conseil suprême des
Indes, pour veiller à son exécution ; et après la
publication qui en a été faite, il a accordé, à ce
sujet, l'expédition de cette cédule royale, par laquelle j'ordonne à mes vice-rois, audiences, gouverneurs, intendans desdits domaines d'outre-
mer, des îles adjacentes et des îles Philippines,
qu'après avoir pris connaissance de ladite ma
résolution royale, ils l'exécutent et la fassent exécuter et accomplir ponctuellement dans tout son
contenu, en la transmettant aux directeurs des
finances et aux tribunaux de commerce en ce qui
de droit; car telle est ma volonté, et que la presente cédule soit transcrite dans les bureaux généraux de comptabilité des deux Amériques.

Fait au Palais (de Madrid), le 7 mars 1824.

———————

N.º 3o.

1824. — *El 7 de Marzo.*

Don Fernando VII.

EL REY.

En nueve de febrero próximo pasado fui servido dirigir á mi primer secretario de estado y del despacho conde de Ofalia el real decreto siguiente :

« Por mis reales decretos de tres y veinte de
« octubre, expedidos en Jerez y Sevilla, y por real
« resolucion á consulta del Consejo supremo de
« las Indias de veinte y cinco de noviembre, que
« causó cédula con fecha de veinte y cinco de di-
« ciembre último, tuve á bien mandar la aboli-
« cion en mis dominios ultramarinos del llamado
« régimen constitucional, restableciendo el go-
« bierno bajo el pie en que se hallaba en siete de
« marzo de mil ochocientos veinte, segun se ha-
« bia ya practicado en la Península. Aunque las
« expresadas determinaciones solo eran concer-
« nientes al régimen interior de aquellas provin-
« cias, sin hacerse mencion alguna del comercio
« y navegacion que antes y despues del citado

« siete de marzo subsistia con corta diferencia
« bajo el pie en que se encuentra actualmente,
« tuve á bien sin embargo, por real orden de
« cuatro de enero próximo pasado, prevenir ex-
« presamente á las autoridades respectivas que no
« hiciesen novedad alguna en esta materia, con-
« servándose las relaciones del comercio directo
« con los extrangeros que existia en algunos pa-
« rages con autorizacion de los gefes locales, y en
« otros se habia autorizado y permitido por mí á
« consulta del Consejo de Indias con anterioridad
« al año de mil ochocientos veinte. En este estado,
« y queriendo que lo mandado en la citada real
« orden de cuatro de enero anterior tenga la cor-
« respondiente publicidad, habiendo oido tambien
« sobre la materia á una junta de Consejeros de
« Indias, presidida por el duque de Montemar, é
« igualmente á mi Consejo de Estado y otra del
« de Indias, y conformándome con su dictamen,
« he tenido por conveniente resolver y decretar
« lo que sigue :

Primero. — « Subsistirá en mis dominios de
« América el comercio directo con los extrangeros
« súbditos de Potencias aliadas y amigas de la
« España, y los buques mercantes de dichas Po-
« tencias podrán entrar á comerciar en aquellos
« puertos, como lo hacen en los de mis dominios
« de Europa.

Segundo. — « Se expedirá un decreto ó ley para
« reglamentar aquel comercio, declarando los

« puertos habilitados para él, tanto en el mar del
« Norte é Islas como en el Pacífico, estableciendo
« las aduanas, aranceles y derechos de importa-
« cion y exportacion, bajo el pie de igualdad entre
« los súbditos de las referidas Potencias.

Tercero. — « Se determinarán igualmente sobre
« esta materia las franquicias, preferencias y ven-
« tajas en favor del comercio, navegacion, agri-
« cultura é industria española.

Cuarto. — « Entretanto que se plantea y esta-
« blece lo prevenido en los dos articulos prece-
« dentes, no se hará novedad en el estado actual
« del referido comercio, asimilándolo en cuanto
« sea posible en los demas puntos á lo que se
« practica en la Isla de Cuba. Los Españoles ame-
« ricanos verán en esta resolucion una nueva
« prueba de mis vehementes deseos de su incre-
« mento y prosperidad : los Españoles europeos
« la decidida intencion de asegurarles aquellas
« franquicias y preferencias á que son acreedores :
« los comerciantes de buena fe de todos los paises
« la de conservar y fomentar las relaciones mer-
« cantiles existentes, y el ventajoso empleo de sus
« capitales ; y los soberanos y gobiernos aliados ó
« amigos un testimonio público de mi esmero en
« conservar la harmonía y buena inteligencia que
« nos une. »

De mi real orden se comunicó el preinserto decreto á mi Consejo supremo de las Indias para
que dispusiese lo necesario á su cumplimiento ; y

habiéndose publicado en él, acordó que al efecto
se expidiese esta mi real cédula, por la cual mando
á mis vireyes, audiencias y gobernadores, inten-
dentes de aquellos mis dominos, sus islas adyacentes y de Filipinas, que enterados de la referida
mi real resolucion, la guarden y cumplan, y hagan guardar y cumplir puntual y exactemente en
todas sus partes, comunicándola al proprio fin á
los ministros de mi real hacienda, consulados y
demas á quienes corresponda su observancia; por
ser asi mi voluntad: y que de la presente se tome
razon en las contadurias generales de ambas
Américas.

Fecha en palacio á siete de marzo de mil ochocientos veinte y cuatro.

Nº 31.

1826. — *Le 21 Décembre.*

Surintendance générale de police du royaume.

S. M., par son ordre royal du 21 de ce mois, a
bien voulu décider que les Etrangers domiciliés
en Espagne soient obligés d'obtenir leurs passeports de l'autorité de police, et qu'à l'égard de
ceux qui ne sont pas domiciliés, il leur soit permis de les obtenir des consuls de leurs nations
respectives; mais à condition de les faire viser en-

suite par la police du lieu où il les recevront. Ce que je transmets à votre seigneurie aux fins de son exécution.

Agréez, etc.

Madrid, le 29 décembre 1826.

Juan Joseph Recacho,

M. l'intendant de police de Séville.

Nº 31.

1826. — *El 21 de Diciembre.*

Superintendencia general de policia del reino.

« Por real orden de 21 del actual S. M. se ha servido resolver, que á los extrangeros avecindados en España, se les obligue á obtener sus pasaportes de la autoridad de policia, y que á los que no lo sean, que los tomen de los consules de sus respectivas naciones, con la precisa circunstancia de visarlos en seguida por la policia del pueblo en que los reciban. Lo que traslado á V. S. para su inteligencia y puntal cumplimiento.

Madrid, 29 de diciembre de 1826.

Juan José Recacho,

Señor intendente de policia de Sevilla.

N° 32.

1827. — *Le 14 Avril.*

Don Ferdinand VII.

Ordre royal portant que les capitaines des navires étrangers qui viendraient relâcher dans les ports d'Espagne sont tenus d'exhiber des certificats, pour constater la monnaie au coin espagnol qu'ils porteraient à leur bord.

« Il a plu à S. M. d'ordonner, conformément aux représentations qui lui ont été adressées par la direction générale de Rentes, d'après l'art. X du chap. VII de l'Instruction générale de Rentes, que les capitaines ou maîtres des bâtimens étrangers qui toucheraient dans un port d'Espagne, par accident quelconque, et ayant à leur bord de l'argent au coin espagnol, seront obligés d'en constater l'origine et la destination, au moyen d'un certificat délivré par un consul d'Espagne en résidence à l'étranger, le tout sous peine de confiscation. »

Madrid le 14 avril 1827.

N.° 33.

1828. — *Le 14 Novembre.*

Don Ferdinand VII.

*Ordre royal de S. M. C., adressé à la Direction
générale de Rentes, le 14 novembre 1828.*

Le roi ayant eu connaissance de ce qui a été
exposé par l'administrateur des douanes, à Cadix,
relativement aux démarches faites par le consul
de France, dans ce port, lequel s'oppose à ce que
les navires de sa nation qui y arrivent par cause
de tempête ou pour profiter des escortes mari-
times contre les corsaires, soient tenus de présenter le manifeste de leur chargement, sous prétexte qu'ils ne demandent pas la visite du comité
de santé, S. M. a bien voulu ordonner que, sans
exceptions de cas ni pavillon, tous capitaines ou
patrons qui entreraient avec leurs navires dans
un port d'Espagne, seraient tenus de présenter
leur manifeste, quand même ils ne demanderaient
pas la visite de santé (ou soit l'admission libre

dans le port), pour éviter des frais ou par tout autre motif. Et que, dans les malheureuses circonstances des naufrages, les autorités auraient soin de faciliter l'aide et la protection qui sont ordonnés, à cet égard, aux articles Ier et LXIX, chapitre VII de l'Instruction générale des Rentes, du 16 avril 1816.

N° 33.

1828. — *El 14 de Noviembre.*

Don Fernando VII.

Con fecha 14 de noviembre de 1828 se comunicó á la direccion general de rentas la real orden siguiente.

Habiendo dado cuenta al rey N. S. del expediente promovido por el administrador de aduanas de Cadiz con motivo de oponerse el consul de Francia en aquel puerto á que los buques de su nacion que arriban á él por efecto de temporal ó en busca de convoyes para precaverse de los corsarios, den sus manifiestos de la carga que conducen á pretesto de no haber tomado plática de sanidad; se ha srvido S. M. resolver que sin excepcíon de casos ni banderas deben dar manifiesto los capi-tanes y patrones que entren con sus buques en los puertos de España, obligandoseles á ello, aun cuando por evitar gastos ú otros motivos no quie-rantomar plática; y que en las ocurencias des-graciadas de los naufragios, cuiden las autoridades locales de prestar los auxilios y tomar las interven-ciones que está mandado, observandose en estos casos los articulos 3 y 69, capitulo 7 de la la ins-truccion general de rentas de 16 de abril de 1816.

Nº 34.

1829. — *Le 21 Février.*

Don Ferdinand VII.

ARTICLES Ier et VII de l'ordonnance de S. M. C., en date du 21 février 1829, déclarant Cadix port - franc.

ARTICLE PREMIER.

Le port de Cadix sera franc, et les navires ap-partenant à toutes les puissances amies de l'Espa-gne y pourront entrer, sortir et faire commerce librement, avec des denrées, marchandises et ef-

fets , de quelque nature que ce soit, sans être tenus de payer aucun droit d'éntrée ni de sortie, ni
d'autres frais que ceux de santé, ou autres pure-
rement locaux, fixés par le réglement de port-
franc, qui sera immédiatement dressé.

Art. VII.

Cette souveraine disposition sera communiquée,
par mon secrétaire des affaires étrangères, aux
gouvernemens de toutes les nations amies, en y
ajoutant que les Etrangers qui, en conséquence,
viendront s'établir au port-franc ou y commercer, jouiront de la même sûreté et protection que
les naturels; et en càs de guerre ou d'interdiction,
de quelque espèce que ce pût être, avec leurs nations respectives, il leur sera accordé le temps nécessaire pour s'absenter, sans employer, en nul
cas, ni séquestres, ni représailles, en permettant,
moi, ces garanties, sur ma parole royale.

N.º 34.

1829. — 21 *de Febrero.*

Don Fernando VII.

Articulos primero y septimo del decreto de S. M. C. fecha 21 febrero de 1829, declarando á Cadix puerto franco.

Articulo Primero.

El puerto de Cadiz será franco, y en él podrán entrar, salir y comerciar libremente los buques de todas las naciones amigas de la España con frutos generos y efectos de calquiera especie sin adeudar derecho alguno de entrada ni salida, ni mas gastos que los que por sanidad, enclage ù otros puramente locales, sé figen en el reglamento de puerto franco, que se formará inmediatamente.

Art. VII.

Por mi secretario de estado y del despacho se comunicará á los gobiernos de todas las naciones

amigas esta mi soberana disposicion , añadiendo
que los extrangeros que á consecuencia de ella
vengan á establecerse en el puerto franco , ó á
comerciar en él, gozarán de la misma seguridad y
proteccion que los naturales; y que en los casos
de guerra ò interdiccion, de cualquiera especie,
con sus respectivas naciones , se les dará el tiempo necesario para retirarse , sin usar en ningun
caso de secuestros ni de represalias; ofreciendo
yo estas seguridades bajo mi real palabra.

Nº 35.

1829. — *Le 14 Avril.*

Don Ferdinand VII.

*Divers articles de l'ordonnance de S. M. C., rela-
tive à l'établissement du port-franc de Cadix.*

Art. IX.

Les capitaines, patrons ou consignataires des
navires qui arriveront dans le port-franc, sont tenus de présenter au bureau de *Guias* un extrait
de leurs journaux de mer, leurs manifestes, et

les certificats d'origine expédiés par les consuls
espagnols établis dans les pays étrangers d'où ils
proviendront, ainsi que leurs manifestes et leurs
registres, s'ils proviennent de quelques ports de
mes domaines.

Art. X.

Le chef de ce bureau délivrera à l'intéressé,
sans le moindre délai, un récépissé du manifeste
et autres pièces mentionnées dans l'article précédent; et avec ce récépissé, le capitaine du navire
pourra procéder à la décharge sans éprouver aucun obstacle ni difficulté.

Art. XI.

Le bureau de *Guias*, en se rapportant aux documens énoncés dans l'article 9, délivrera, nu-
mérotés corélativement, des certificats d'origine
et de provenance, lesquels certificats devront accompagner les marchandises, denrées ou effets
qui sortiront par mer ou par terre, destinés aux
douanes *habilitées* de la péninsule, aux îles adjacentes et aux autres points de mes domaines.

Art. XV.

Les denrées, marchandises, et effets nationaux,
coloniaux et étrangers qui, étant portés sur un

navire espagnol et provenant du port de Cadix,
se présenteront pour acquitter leurs droits dans
les douanes *habilitées* du royaume, jouiront du
privilége *de pavillon* déclaré en faveur des navires
espagnols, si toutefois ils sont entrés à Cadix sous
le pavillon national, ce fait devant être constaté
avec des certificats expédiés par le bureau de
Guias.

Art. XVIII.

Les marchandises, denrées, effets nationaux et
étrangers, de *commerce licite*, qui seront directement conduits de Cadix aux différens ports de mes
domaines, en Amérique ou en Asie, paieront les
mêmes droits qu'ils paieraient s'ils étaient sortis
de tout autre port *habilité* de la péninsule, soit
dans leurs destinations respectives ou dans le port
le plus proche de Cadix, suivant que je le jugerai
convenable.

Art. XIX.

Ce qu'il sera défendu d'exporter pour l'Étranger le sera de même pour le port de Cadix.

Art. XXIV.

Les navires qui, en se dirigeant vers le port de
Cadix, ne pourront y arriver par cause de tempête
ou avarie justifiée, et relâcheraient aux points où

il y aurait une douane, y seront admis par hospitalité. Et s'il était nécessaire de débarquer les
marchandises, elles seront déposées et gardées à
la satisfaction du capitaine du navire et de l'administrateur de la douane, sans en exiger aucuns
droits.

Art. XXV.

Le navire étant réparé, le chargement sera
rembarqué et le capitaine sera tenu de payer les
frais d'hospitalité; mais si la réparation du navire
devenait impossible, les effets continueront à rester déposés et gardés avec l'intervention de la partie intéressée.

Art. XXVI.

Tout navire expédié par la douane d'un port
de la péninsule pour tout autre port déterminé de
l'Espagne, ne pourra relâcher dans celui de Cadix où on l'obligera de suivre sa destination, excepté dans les cas de relâche forcée, que le capitaine sera tenu de justifier.

Art. XXVIII.

Il est défendu d'introduire dans Cadix les livres,
papiers ou tous autres imprimés prohibés, ainsi
que les estampes offensant la religion et la saine
morale, ou ma souveraineté.

Art. XXIX.

Les Etrangers qui viendront s'établir dans le port-franc, ou à y faire le commerce, jouiront de la même sûreté et protection que les naturels.

Art. XXX.

Les Etrangers, pendant leur séjour dans le port-franc, y seront assujettis aux autorités espagnoles, lesquelles connaîtront des causes qui les concerneront, en en donnant connaissance à leurs consuls respectifs, sans que ceux-ci puissent les évoquer à eux, quand même les parties réclameraient les priviléges de leur pavillon.

Art. XXXI.

Les Etrangers, ainsi que les Espagnols qui viendront s'établir au port-franc, seront assujettis aux contributions et aux charges ordinaires.

Nº 35.

1829. — *El 14 de Abril.*

***

Don Fernando VII.

Varios articulos del reglamento de puerto-franco de Cadiz.

***

Art. IX.

Los capitanes, patrones ó consignatarios de buques que lleguen al puerto-franco presentarán en la oficina de Guias un estado del diario de su navegacion y sus manifiestos, con los certificados de los consules españoles en los paises extrangeros de que procedan; asi como los manifiestos y registros cuando vinieren de puntos de mis dominios.

Art. X.

El gefe de la oficina dará al interesado, sin la menor demora, una papeleta de haber recibido el manifiesto y demas documentos de que habla el articulo anterior, y con ella podrá el capitau del buque proceder á la descarga sin sufrir obstáculo ni dificultad alguna.

Art. XI.

Con referencia á los documentos que espresa el articulo IX espedirá la oficina de Guias, con memoracion correlativa certificados de origen y procedencia, que han de acompañar á los generos, frutos y efectos que salgan por mar ó tierra para las aduanas habilitadas de la Peninsula, islas adyacentes y demas puntos de mis dominios.

Art. XV.

Los frutos, generos y efectos nacionales, coloniales y extrangeros, que conducidos en buque español desde el puerto-franco de Cadiz se presenten al adeudo en aduanas habilitadas del reino, disfrutarán del privilegio de bandera declarado á los buques españoles siempre que hayan entrado en pabellon nacional, y conste de los certificados que debe espedir la oficina de Guias.

Art. XVIII.

Los generos, frutos y efectos nacionales y extrangeros de licito comercio que se conduzcan directamente de Cadiz á puerto de mis dominios en

America y Asia, adeudarán los mismos derechos que pagarian saliendo de cualquiera otro puerto habilitado de la Peninsula, bien en sus respectivos destinos, ó en el puerto mas inmediato al de Cadiz, segun yo lo determine.

Art. XIX.

Lo que esté prohibido exportar del reino para el extrangero, lo estará ignalmente para el puerto-franco de Cadíz.

Art. XXIV.

A los buques que dirígiendose al puerto-franco de Cadiz no puedan llegar á él, por efecto de temporal ó averia justificada, y arriben á punto de aduana, se les admitirá por hospitalidad; y si fuese preciso desembarcar los generos, se depositarán y custodiarán á satisfaccion del capitan del buque y del administrador de la aduana, sin exigir derechos algunos.

Art. XXV.

Verificada que sea la habilitacion del buque, se reembarcará en él su cargamento , y pagará el capitan los gastos de hospitalidad; pero si la inhabilitacion del buque fuese absoluta, continuarán los efectos depositados y custodiados con intervencion del interesado.

Art. XXVI.

Todo buque despachado en un puerto de la Peninsula para otro determinado de la misma, no podrá hacer escala en el puerto-franco de Cadiz, en donde se le obligará á seguir el destino de su despacho, á no ser que llegue por arribada forzosa, que deberá justificar.

Art. XXVIII.

No se podrán introducir en Cadiz libros, papeles ni otros impresos prohibidos, ni tampoco estampas que ofendan á la religion y á la sana moral ó á mi soberanía.

Art. XXIX.

Los estrangeros que vengan á establecerse en el puerto-franco ó á comerciar en él, gozarán de la misma seguridad y proteccion que los naturales.

Art. XXX.

Mientras permanezcan los estrangeros en el puerto-franco estarán sujetos á las autoridades españolas, las cuales conocerán de las causas que ocurrieren con ellos, dando conocimiento á los respectivos consules; pero sin que estos puedan avocarlas á sí, aun cuando los encausados reclamen su pabellon.

Art. XXXI.

Asi los estrangeros como los españoles que se establezcan en el puerto-franco, estarán sujetos á las contribuciones y cargas comunes.

FIN.

TABLE DES MATIÈRES.

CHAPITRE VIII.

PIECES JUSTIFICATIVES.